老北京の胡同《フートン》

開発と喪失、ささやかな抵抗の記録

多田麻美【著】
張全【写真】

晶文社

装丁◉岩瀬聡
写真◉張全
地図◉野津あき

老北京の胡同
もくじ

はじめに

迷っても、地図を読み間違えても、そもそも行き先がなくても楽しい、それが「胡同《フートン》」歩きだ。面白そうな胡同を見つけたら、自転車やバスで近くまで行き、気分の赴くままに歩き始める。一見、灰色っぽいだけの世界に見えるかもしれない。でも、目を凝らせば、至る所に時間トンネルがあり、錆びついた記憶のドアを開ける鍵がある。

奇妙な字体の看板や無造作に干された洗いたての無垢なぬいぐるみに出会い、宝物を探し当てた気分になることもあれば、古びた臼石や魔除けの碑を見つけ、道標に目を凝らす迷い人のような感覚に陥ることもある。寄り道、わき道、回り道は、むしろしない方が損かもしれない。疲れたら「ちょっと失礼」と、道端に置かれた椅子やソファに腰掛ける。近所の人と笑顔を交わすだけでも、伝わってくる何かがある。

そんな風に一四年間、胡同を巡ってきた。

「胡同」とは、七〇〇年前の元王朝の時代から、北京の旧市街地を網の目のように覆ってきた空間だ。日本の路地や横丁に似ていて、その多くは「四合院《しごういん》」と呼ばれる伝統的な民家の外壁や並木に縁取られている。自動車が堂々と行き交う幅広で繁華な「大街《ダァジェ》」と比べ、胡同は人の生活の匂いが強く、どこか親しみやすい。

何百年もの間、人々の生活に寄り添い、有名、無名の住民たちの喜怒哀楽を包み込む一方で、しばしば耳目を驚かす歴史的事件の舞台ともなってきた胡同。だがその豊かで趣きのあった空間の多くが近年、急激な経済発展の流れに揉まれ、様変わりしてしまった。地名のプレートを剥がされ、更地化され、胡同の存在そのものが、「そんなものはそもそもなかったかのように」、かき消されてしまったケースも少なくない。

ある日、ふと思いついて古い地図を手にとり、ここ二〇年ほどの間に取り壊されたり、環境整備を口実に住民の多くが追い払われたりした胡同を、色鉛筆で囲ってみた。

潘家胡同周辺の旧会館エリア、鮮魚口周辺の下町地区、かつての職人の町だった花児市《ホアシィ》胡同、現在、金融街や金宝街があるエリア、趣味人の集った官園の周辺、西直門や東直門の内側の一帯、香炉営エリア、巨大デパート「東方新天地」の敷地や王府井の西側、玉河プロジェクトの対象範囲、牛街周辺、そして豊盛胡同の南……そういった、かなり大規模な再開発の行われたエリアだけをざっと足し算しても、その面積は約九・三平方キロメートルに及んだ。これはあくまでも北京っ子の夫や私が気付いた範囲の再開発で、比較的小規模のものや二〇一四年現在進行中の鐘鼓楼エリアの大改修は含まれない。だがそれでも、九・三平方キロメートルといえば、あと少しで東京の中央区の面積に相当する広さだ。

北京で胡同が集中している現在の新東城区、新西城区を合わせた面積が九二平方キロメートルで、しかも九〇年代以前にもかなりの数の胡同がビル街と化していることを思えば、その喪失の比率がいかに大きいかが分かる。

何百年もの時を経て醸成されたかけがえのない歴史と個性をもつ胡同が、「開発」、「建設」、「整備」の名のもとに、忽然と消えてしまう不条理。その結果生まれた数え切れないほどの時間的「真空」は、古都北京の心臓部を容赦なく蝕み、その風景を虚ろなものへと変えていった。


失われたのは、形あるものだけではない。

胡同の急速な消失に心を痛めていた頃、私はかろうじて残った胡同さえ、その歴史を担ってきた住民たちの転出や過度の改修、整備などによって、深刻な記憶喪失に陥りつつあることに気づいた。胡同の正体を知るためには、その現状を記すとともに、遠ざかりつつあるその「記憶」をも掘り起こさねばならない。そんな思いから、私は胡同にまつわるあれこれを綴り始めた。

本書の内容は、二つに分かれる。まず追ったのは、北京の歴史ある街並みが破壊されてゆく中で、人々はどんな風に日々を暮らし、何を失いつつあるのか。

次に掘り起こしてみたのは、北京の胡同に眠っている、宝物の数々だ。それは庶民のおやつだったり、市井の暮らしの記憶であったり、ユニークな趣味の世界だったり、ドキドキハラハラの物語であったり、胡同そのものの生い立ちだったりする。

終章では、失われゆく北京の遺産を留めるために奮闘している人々とその活動を追った。中国で市民主体の保護活動をすることには、日本では想像できないほどの大きな困難と危険が伴う。

だが今ほど、彼らの存在が必要な時期もない。彼らに注目し、その応援をすることは、胡同に未来の希望をもたらすことだ。

胡同の生活について想像するよすがとして、私自身の体験を織り込むとともに、全編にわたって多くの写真を配した。撮影を手掛けているのは、夫でカメラマンの張全《ジャンチュアン》だ。北京の胡同で生まれ育った張全は、私とともに今も胡同で暮らし、胡同を巡り続けている。一生活者の視点から撮影されたその素朴で気取らない写真から、胡同文化の諸相や現状を垣間見ていただければ幸いである。

ちなみに、本書に掲載されている文章の一部は、北京のコミュニティ誌である「スーパーシティ北京」、「Chamore」、「City Bros」に連載された記事、および出版社集広舎のウェブサイトに連載された記事を抜粋、整理し、加筆したものだ。

地図……A 旧北京城と城門

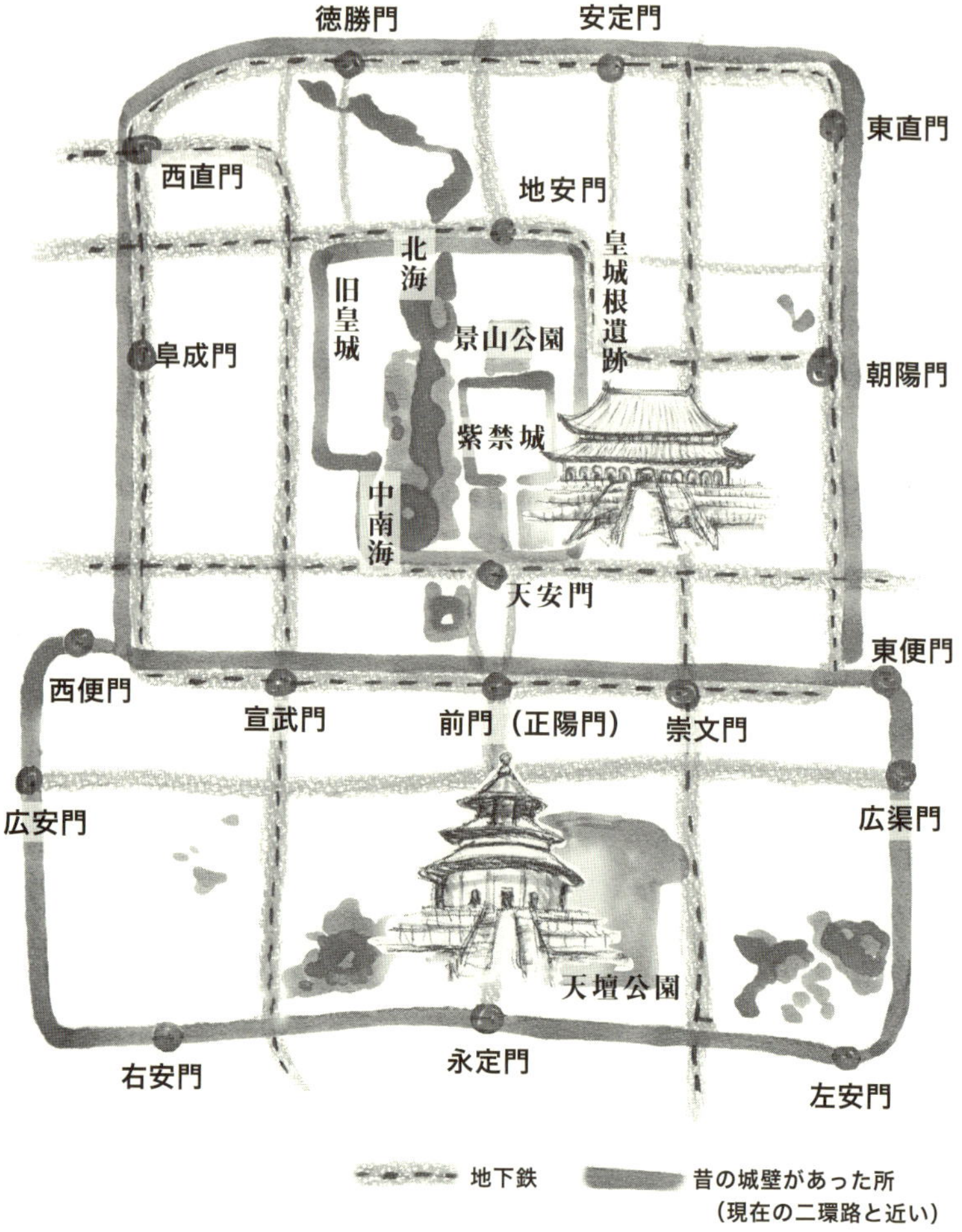

徳勝門
安定門
東直門
西直門
地安門
北海
旧皇城
皇城根遺跡
景山公園
阜成門
朝陽門
紫禁城
中南海
天安門
東便門
西便門
宣武門
前門（正陽門）
崇文門
広安門
広渠門
天壇公園
右安門
永定門
左安門
地下鉄
昔の城壁があった所
（現在の二環路と近い）

地図……B 新東城区北部（旧東城区）

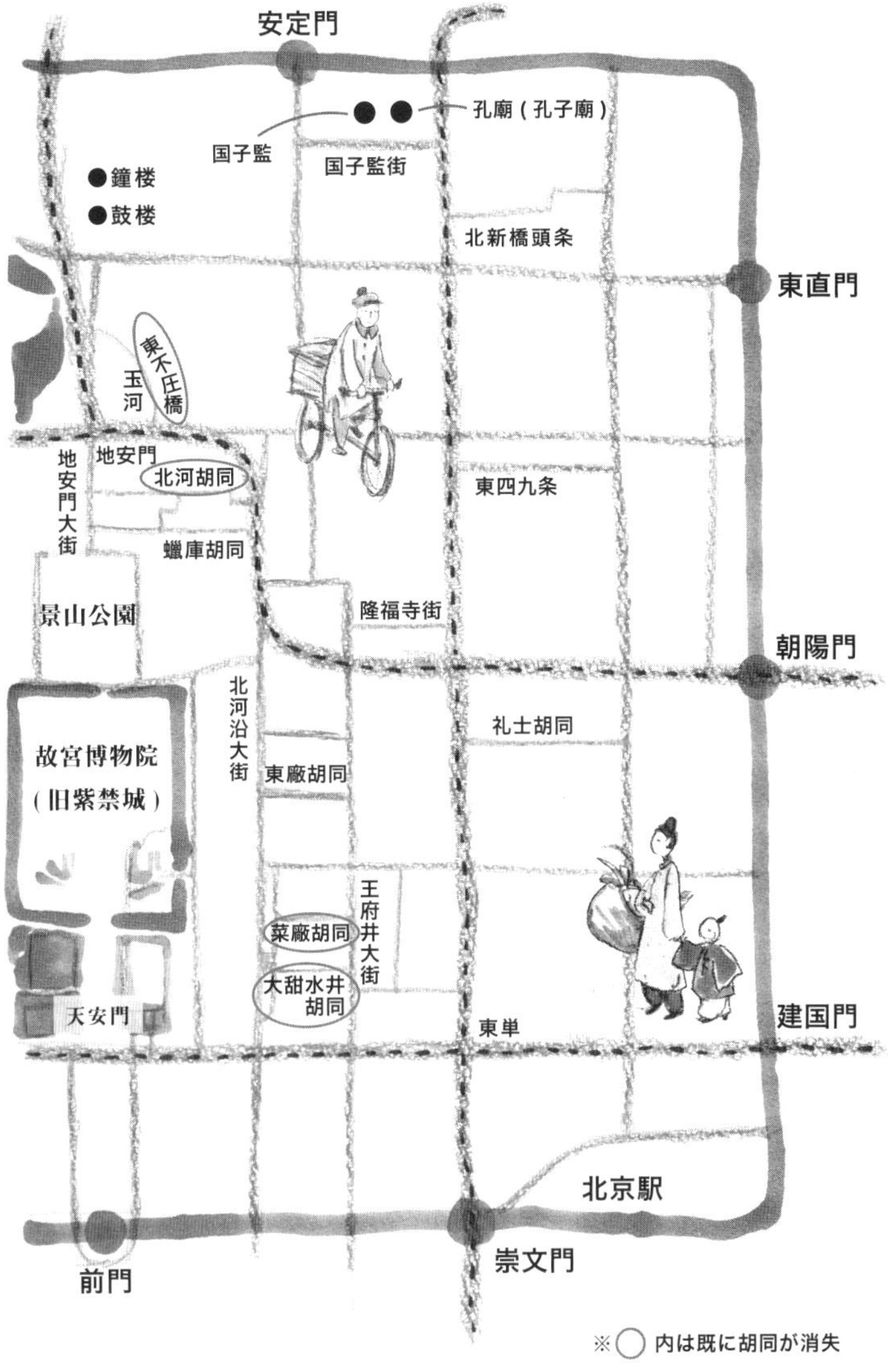

※○内は既に胡同が消失

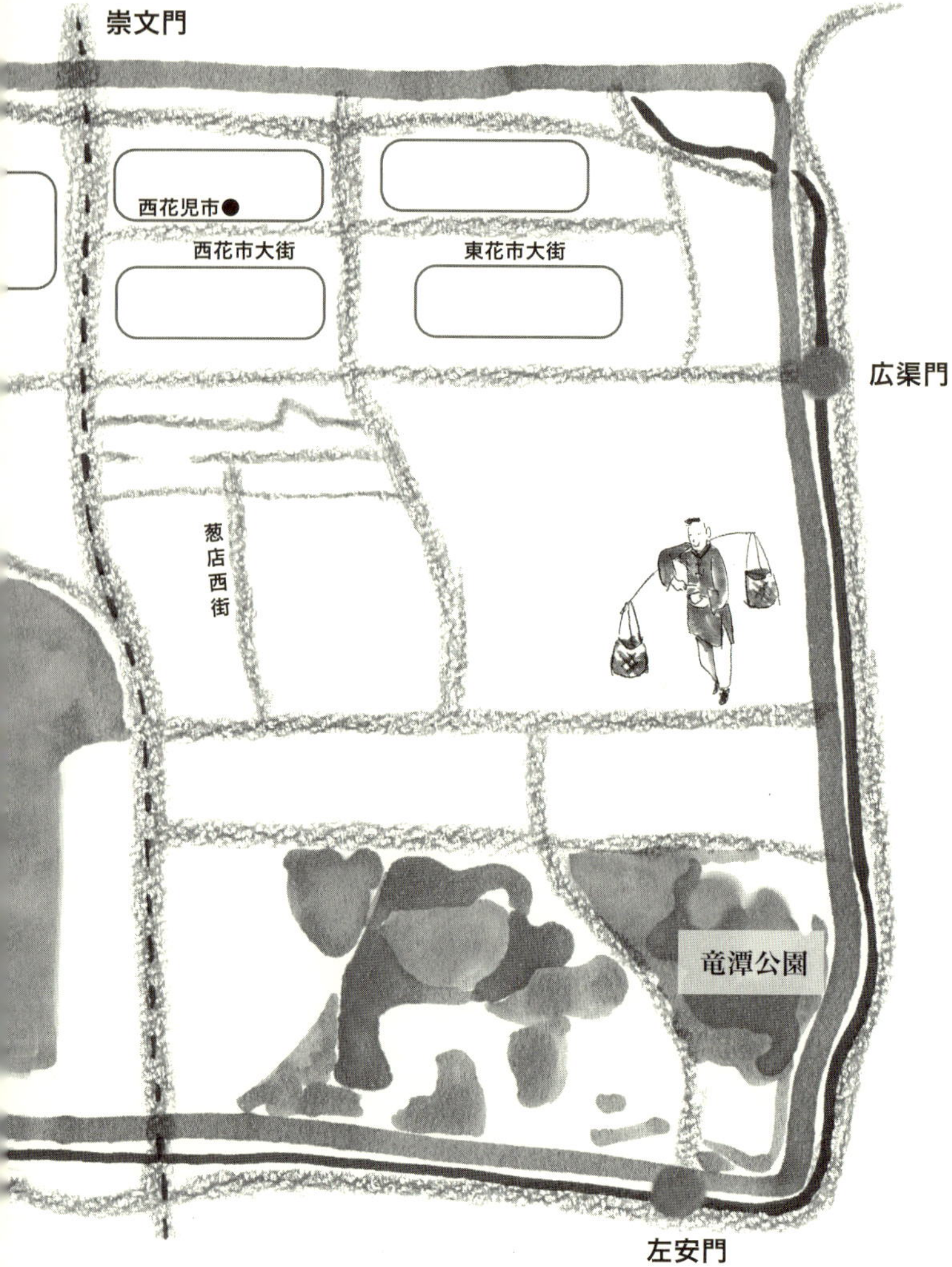
崇文門
西花児市
西花市大街
東花市大街
広渠門
葱店西街
竜潭公園
左安門

地図……C 新東城区南部（旧崇文区）

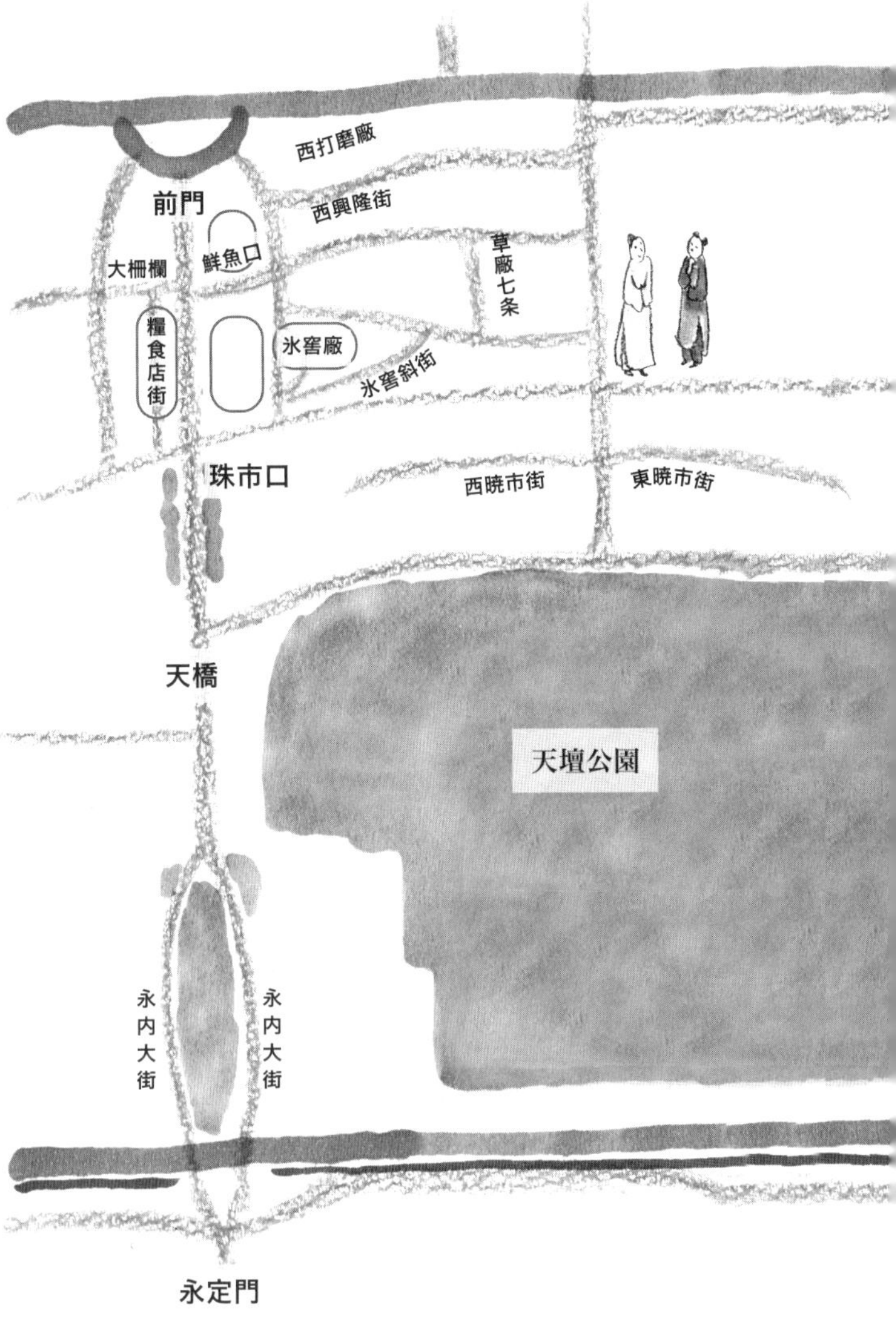

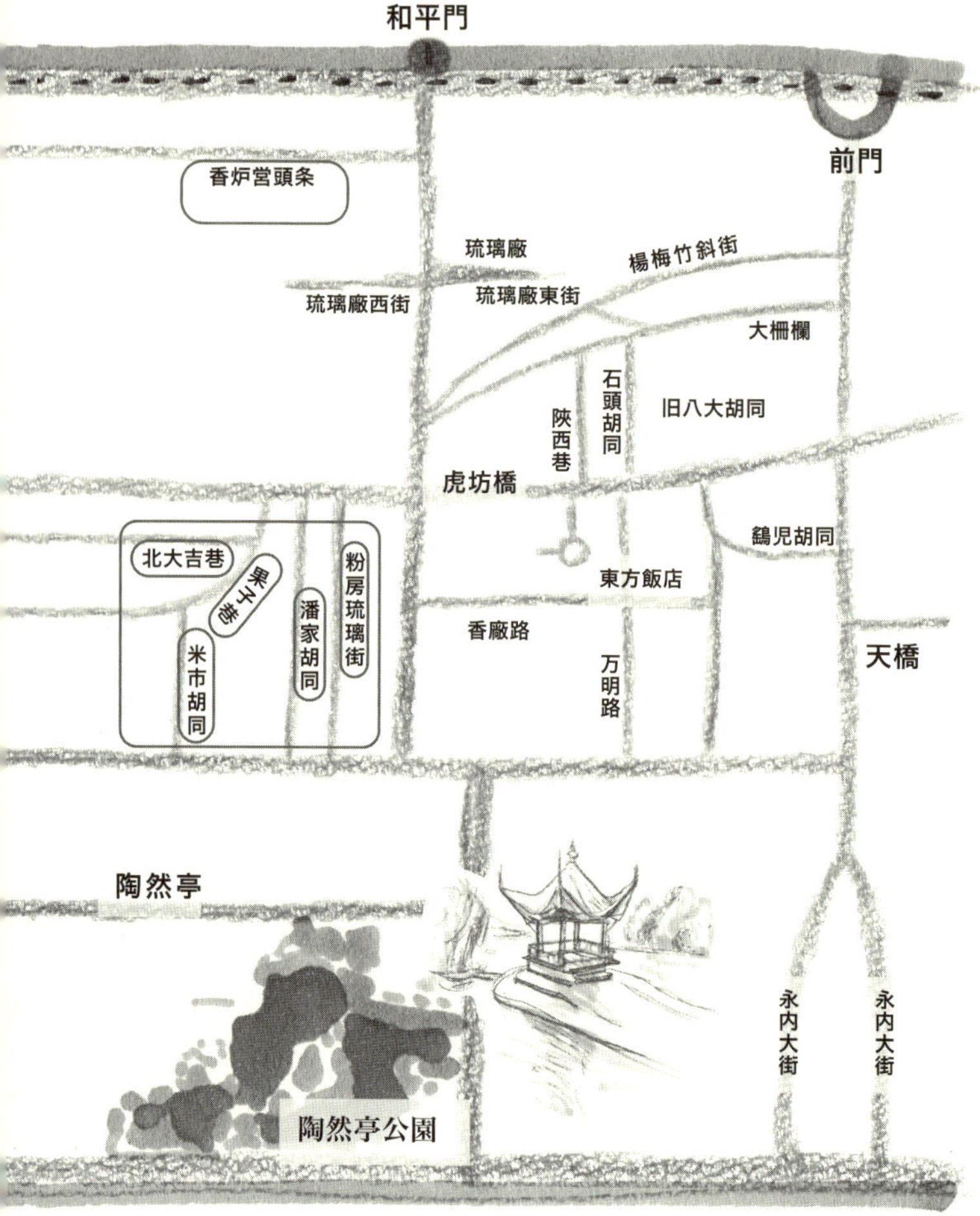
和平門
前門
香炉営頭条
琉璃廠
楊梅竹斜街
琉璃廠西街
琉璃廠東街
大柵欄
石頭胡同
陝西巷
旧八大胡同
虎坊橋
鷂児胡同
北大吉巷
果子巷
潘家胡同
粉房琉璃街
東方飯店
香廠路
万明路
天橋
米市胡同
陶然亭
永内大街
永内大街
陶然亭公園

地図……D 新西城区南部（旧宣武区）

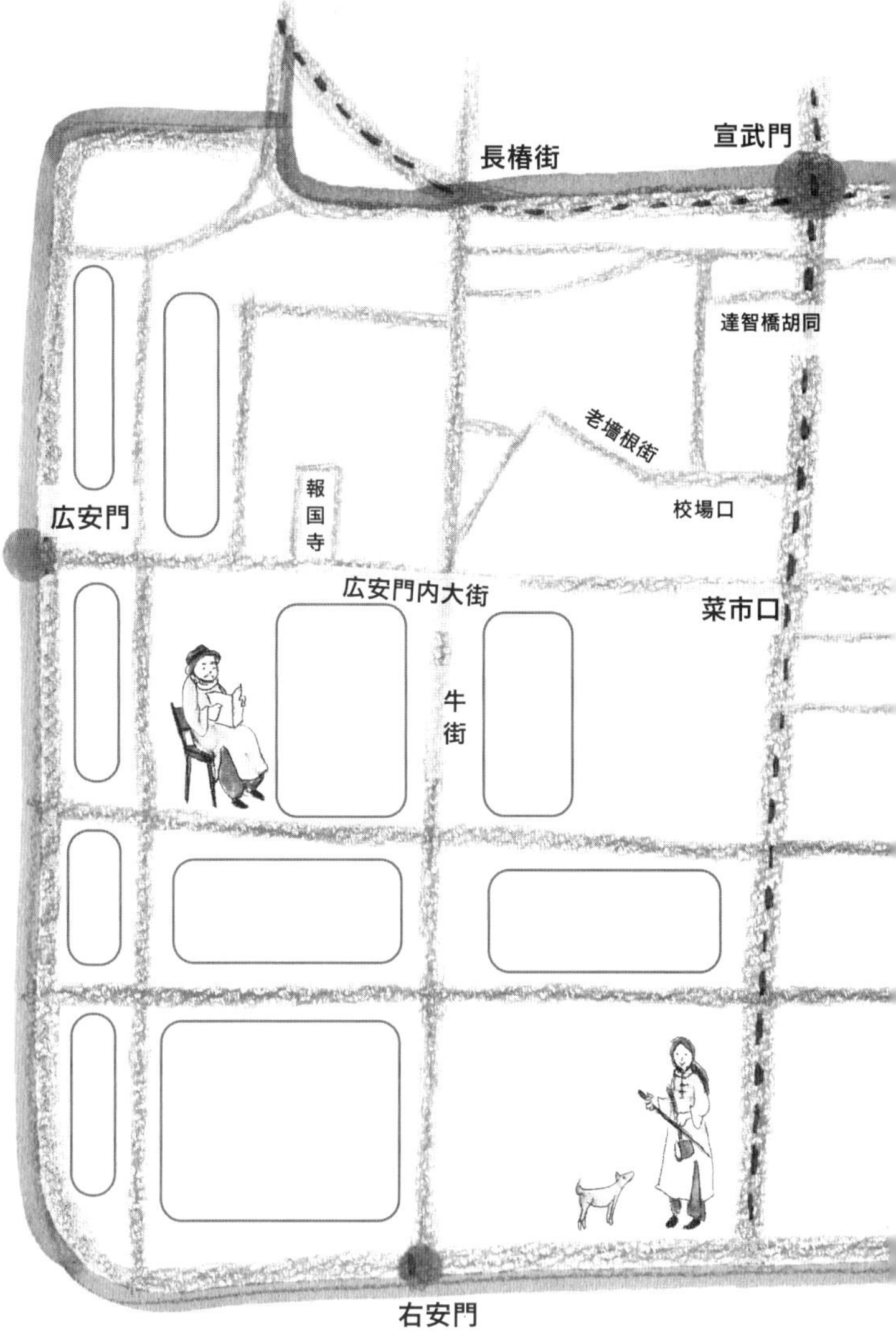

※ ▢ 内はすでにに消失

新西城区北部（旧西城区）

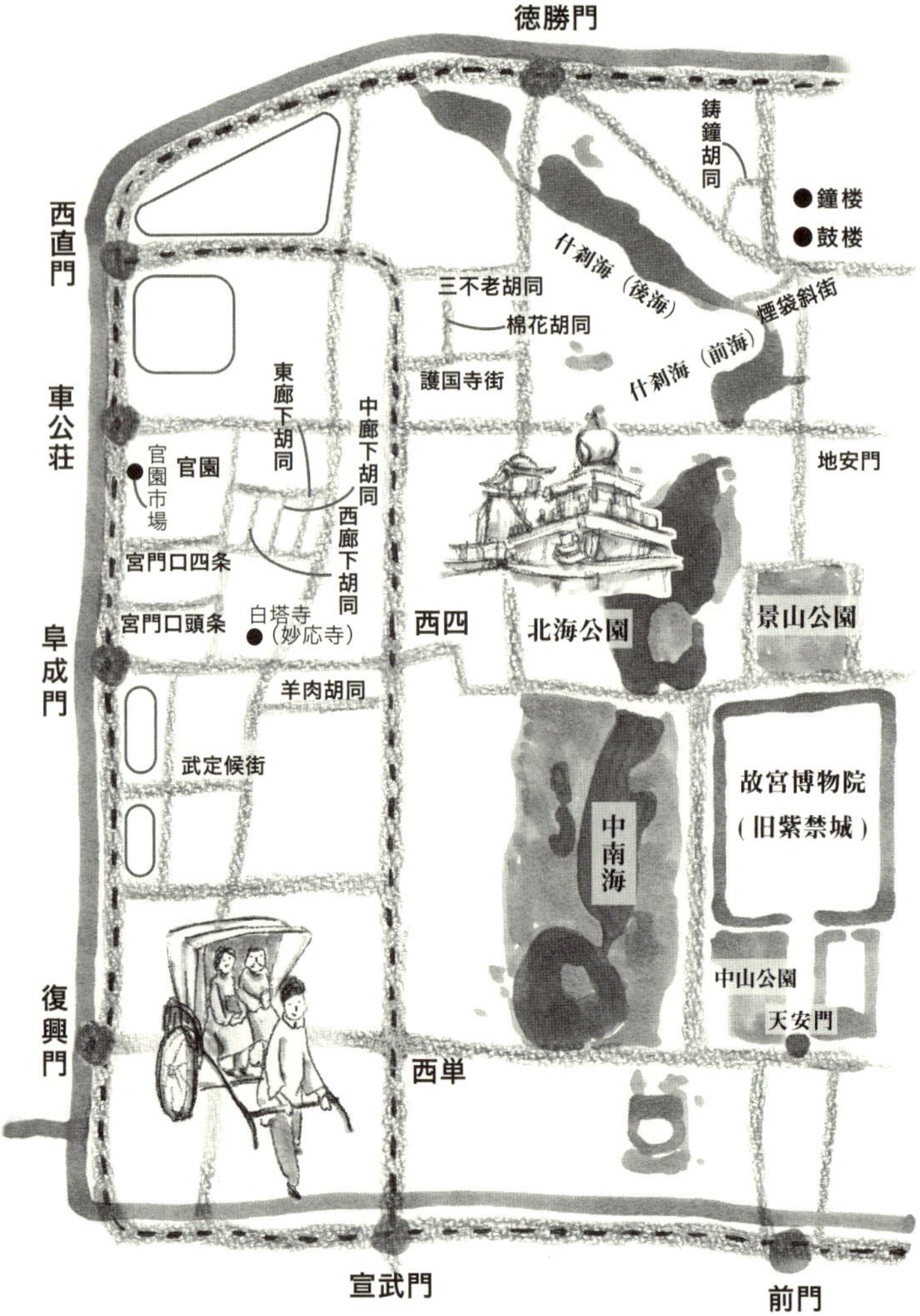
徳勝門
鋳鐘胡同
鐘楼
鼓楼
西直門
什刹海（後海）
三不老胡同
棉花胡同
煙袋斜街
什刹海（前海）
護国寺街
車公荘
東廊下胡同
中廊下胡同
官園
官園市場
西廊下胡同
地安門
宮門口四条
白塔寺（妙応寺）
宮門口頭条
西四
北海公園
景山公園
阜成門
羊肉胡同
武定侯街
故宮博物院
（旧紫禁城）
中南海
中山公園
天安門
復興門
西単
宣武門
前門

胡同の黄昏

○東側の胡同から鐘楼を望む

◉消失をかろうじて免れた群智巷

◉隣人同士でのんびり将棋

◉昼下がりのまんじゅう屋さん。達智橋胡同にて

◉胡同では子供たちも生き生き

●雪の日の郵便配達。胡同は自転車がよく似合う

●糖葫蘆（タンフールー・サンザシ飴）は北京の冬の風物詩

◉達智橋胡同の市にて。ひょうたんは吉祥のシンボル

◉儲庫営胡同の陶磁器売り。運搬にひと苦労
◉左・冬の胡同には赤い服が似合う

场 条
DCHANG 3 TIAO

◉並木がアーケードとなった食堂街
◉右・露天ポップコーン売り。景気は上々

◉中国で模範的人格者とされている雷鋒（レイフェン）の前で
◉左・2007年頃の果子巷。おかずの大半が百円以下

尖椒豆付皮 6
酸菜粉丝 6
麻婆豆付 5
蚂蚁上树 5
虎皮尖椒 6
宫炸鸡丁 8
家常豆付 6
鱼香肉丝 8
香辣豆付丝 6
木须肉 8
清炒苦瓜 6
鱼香肝尖 8
蚝油生菜 6
蒜苗肉丝 8
肉丝拉皮 6
尖椒肉丝 8
各种盖饭
疙瘩汤
经济实惠

◉上・豆角胡同。古樹と曲がり角に情緒
◉下・取り壊される前の東不圧橋。胡同で楽しくマージャン

◉達智橋胡同。商店街が活気づく夕暮れ時

●冬の景陽胡同。凛とした空気が心地よい

1部

胡同が消える

開発の光と影

北京の旧市街地を縦横に走る横町、「胡同」に惹かれ、時には独りで、時には相棒と、時には友人たちと誘いあって歩いてきた。その時間はいずれも楽しく、かけがえのないものだったが、悲しいことに、その十年余にわたる過程で、数百年の歴史を経てきたはずの胡同の風景が次々と消失していくのも目の当たりにした。

少し寒くなると真っ先に手袋を売り出す商売上手な露天商、道端にずらりと並んだ鳥籠の中で、小鳥たちがひなたぼっこをする様子、長年の風雪の痕が刻まれた灰色レンガの壁、ブウォーンと空から降ってくる、不思議な鳩笛の音。北京っ子の間に鳩に笛をつけ、群れさせて飛ばす趣味があることを知るまでは、まるで異次元から届くように聞こえた響き。

その多くが今、胡同から消えたり、他の何かに姿を変えたりしつつある。胡同の住民や外観こそ多少変わっても、かつてなら胡同全体の醸し出す雰囲気や、胡同の片隅に残る何らかのパーツが記憶を取り戻す「よすが」となった。だが、今はそういった「よすが」までが、丸ごと失われつつある。

発展を最優先とする大義のもとで、北京という都市はいったいどのような激しい変化を強いられているのか。そしてそこには、人々のどのような「抗い」があるのだろうか。

第1章 止まらぬ破壊

1 立ち退きに抗する人々

肖像画で守り、闘う

二〇〇八年の六月二六日、故宮や景山公園の北にある、地安門の交差点の東南角には、数多くの野次馬が集っていた。人々の視線を集めているのは、立ち退きを促す政策に単独で抗う一軒の焼き栗屋。軒先に護身符として国旗や党旗、オリンピック旗を掲げ、店の壁に鄧小平や温家宝の写真を選挙ポスターのように貼っている。まるで奇をてらったアート作品のようだったが、焼き栗屋の主人の顔は固くこわばり、周囲に漂っていた雰囲気も、緊張に満ちたものだった。彼らはこう主張していた。悪いのは国の政策ではない。それを自らに都合の良いように歪曲して強制的に実行する区の政府だ。オリンピックを口実に庶民の家を取り壊し、その財産を吸い上げているのだ、と。

彼らにとっては、そういった区の政府の利益のために判決を下す西城区の裁判所も、「拆遷公司《チャイチエンゴンスー》」だという。「拆遷公司」とは、家屋の取り壊しと住民の立ち退きを専門に扱う不動産ブローカーで、地上げ屋に似た存在だ。栗屋の主人はこうも主張していた。

「ここには六〇年暮らしてきた。一九八〇年に店を開いた。今も十数人が一〇〇平方メートルの家に暮らしているが、政府の補償金はたったの三五・六万元（日本円で当時約五四〇万円前後）。このお金では北京ではトイレ一つ分の部屋も買えない」

その日は、一帯の強制的な立ち退き期限の日だった。地安門内大街と呼ばれる道の両側は、かつて小さな商店がひしめく商店街だったが、二〇〇七年から開発のメスが入れられ、一軒の栗屋を除いては、当時すべての店が立ち退き、その跡地は緑地として整備されていた。

◉取り壊しに抗う地安門の住民。壁には毛沢東や鄧小平の肖像が

生死をかけた抵抗

それからは焼き栗屋にとって「神経戦」の日々だった。夜は寝ずに外で見張りをし、昼は交替

で昼寝。海外からの取材のカメラに応じるだけでなく、警察の向けるビデオの方も睨みつける。しかも自らもビデオを回していたから、その「抵抗」は視覚的効果を最大限生かしたもので、まさにマルチメディア的。もっとも、海外からの取材者の中には、警察にカメラを没収された人もいたようで、私たちも自ずと慎重になった。

七月二日、栗屋の主人から「防弾チョッキを着た人が来た。とうとう取り壊される」と電話が入る。だが行ってみると、何事も起こっていない。いわば行政側からの「脅し」だったようだ。その後も、何度か「とうとう壊される。命をかけて我々の財産を護る」との連絡があったが、実際に行ってみると、強制的な撤去は行われていなかった。

七月一一日にはいよいよ、「ガスボンベを用意している。強制的に撤去するなら、爆発も辞さないつもりだ」とのショートメッセージが届く。不穏な言葉に慌てて駆けつけてみると、幅広い道の両側には野次馬がぎっしり。滔々と自らの境遇を訴える栗屋の身内の女性の言葉に、多くの人々が耳を傾けている。

民衆を「煽動」しているとみなされるのを恐れてか、途中で警官が忠告に入ると、さすがに女性の言葉は減った。野次馬がほとんどではあったが、周囲には、明らかに焼き栗屋を支持している人々も少なくなく、自らの見聞や経験を引用しながら、栗屋の抵抗をめぐって、さまざまな論評を繰り広げていた。天安門事件をもじり、「これはつまり、地安門事件だな」と言っている人もいて、苦笑してしまった。

人の群れの片隅には、栗屋の方を見ながら、涙をそっと拭っている老人も。「取り壊すなら、真昼間ということはあり得ない。人々が寝静まった未明の時刻さ」と野次馬の一人が言った。

ひと晩で更地に

七月一八日の未明、予言は見事に的中した。警察の下部組織として都市の管理を行う「城管《チェングアン》」らは、地安門内大街の両端、及び地安門内大街から東西にのびる胡同の入り口をすべて封鎖し、焼き栗屋の建物の強制撤去を行った。もっともこの動きを私が知ったのはすべて翌日のことで、語ってくれたのは付近の住民だった。

栗屋が必死に守っていた店のあった場所は、一日のうちに更地となり、二、三日後には「まるで何事もなかったかのように」芝生まで植えられてしまった。

その後何カ月もの間、栗屋の主人とは連絡がまったくとれない状態が続いた。だがある日、地安門からそう遠くない繁華街を歩いていた時のこと。ふと見覚えのある名前の焼き栗屋が目に入り、入ってみると、果たして例の栗屋の主人がいた。

一八日の未明のことを尋ねると、警察は突然やってきたのだと言う。そして、焼き栗屋の家族全員が、貴重品であるパソコンを含む家財道具一切を家に残したまま、連行された。携帯電話を含む所持品はすべて没収され、時間的にも外部の人と連絡をとる余裕は一切なかった。そして、北京市郊外の昌平区の七里渠《チーリーチュー》留置所で一二日間監禁されたそうだ。

釈放後、それまで「仮の滞在場所」として認められていた近くの繁華街沿いの家屋の所有権が認められた。つまり、私が栗屋の主人と再会した家屋のことだ。一〇月には移転して焼き栗屋の営業を再開、一〇月二〇日には正式な「房産証（不動産権利書）」を獲得したという。連行された当時、この「房産証」を渡す条件が、留置所での一二日間の拘留と表面上は「強制的取り壊し」の形をとることだった。

確かに、同じ条件下に置かれた他の住民が大勢いたことや、取り壊し騒ぎの最中の野次馬の多さを考えれば、同様の「反抗」が広まるのを防ぐためにも、形の上では強制撤去の形をとるしかなかったのであろう。その一方で、国内外、とくに西側のメディアを盾に反抗を続けていた栗屋の一家をいつまでも拘留し続けたり、ましてやその存在を抹殺したりするわけにもいかず、苦肉の策として「表向きは強制撤去、その実は妥協案」という解決策をとったものらしい。

栗屋のおじさんは、神経戦に挑んでいた時とは打って変わった穏やかな表情をしていた。「やはり、勝利したのですね」との問いかけに、「ええ、条件はまあまあ納得できるものなので、そうだと言えますね」と答えた。

もっとも、その日明らかになったのは、私の連絡先までが当局の手に渡ってしまったらしきことで、今度は私が蒼ざめることになった。

地安門と天安門

この事件の舞台は地安門だったが、地安門と聞いてピンとくる人は少ないかもしれない。その昔は、かの有名な天安門と対になっていたのだが、現在は天安門の方が圧倒的に有名だ。そもそも、地安門は地名が残るだけで、門自体は歴史的文化財を軽んじる政治的風潮の中、一九五五年に道路の建設を理由に取り壊されてしまった。

一九五〇年代から六〇年代にかけて城壁が完全に取り去られる前の北京（地図A）は、四方に厚く高い壁と巨大な門をもつ城郭都市だった。そのうち、故宮の真南に内城の城郭に沿って開かれていたのが俗に前門と呼ばれる正陽門だ。その東西にそれぞれ位置していたのが崇文門と宣武門であり、また東の城壁には朝陽門と東直門、北の城壁には安定門と徳勝門、西の城壁には西直門と阜成門があった（地図A）。だが現在、前門と徳勝門の一部以外は、地名を残すのみで、門は跡かたもない。

一方、これらの城郭の南側を、外側から包みこむように囲っていたのが外城の城壁だった。こちらの城郭についても、建物はかろうじて東便門の角楼が残るのみとなっている。

では、天安門と地安門は何のための門だったたか。実はかつての北京には、内城の城郭の中に、さらに入れ子状に皇城と呼ばれる、これまた壁に囲まれた街があった。皇城根遺址公園に残されているサンプルを見ると、その壁が城郭というよりは厚い塀のようなものだったことが分かる。それがかつては故宮全体とその周辺、つまり現在の景山公園や北海公園、そして中南海を含むエリアを囲い込んでいた。清末までは、その中に皇族の屋敷である王府や宮廷専用の倉、役所、厩《うまや》、寺院、宦官用の施設など、宮廷ゆかりの建物が集中し、宮廷にさまざまなサービスや物資を提供していたようだ。

この皇城の南と北にそれぞれ位置していたのが天安門と地安門だ。ちなみに現在、旧北京城の城郭跡を走る、都心から一番近い環状道路は「二環路」と呼ばれているが、なぜいきなり「二環」かというと、一環はこの皇城を囲むラインだからだ。

こういった城郭都市時代の北京の構造を知ると、北京の胡同地区を歩いている時に、なぜ「何々門」という地名にやたらと頻繁に出会うのかが分かる。消えた門は二度と戻らないが、せめて地名とその歴史を語り継ぐ住民だけは残っていってほしい、と願わずにはいられない。

◉明代の城壁の跡

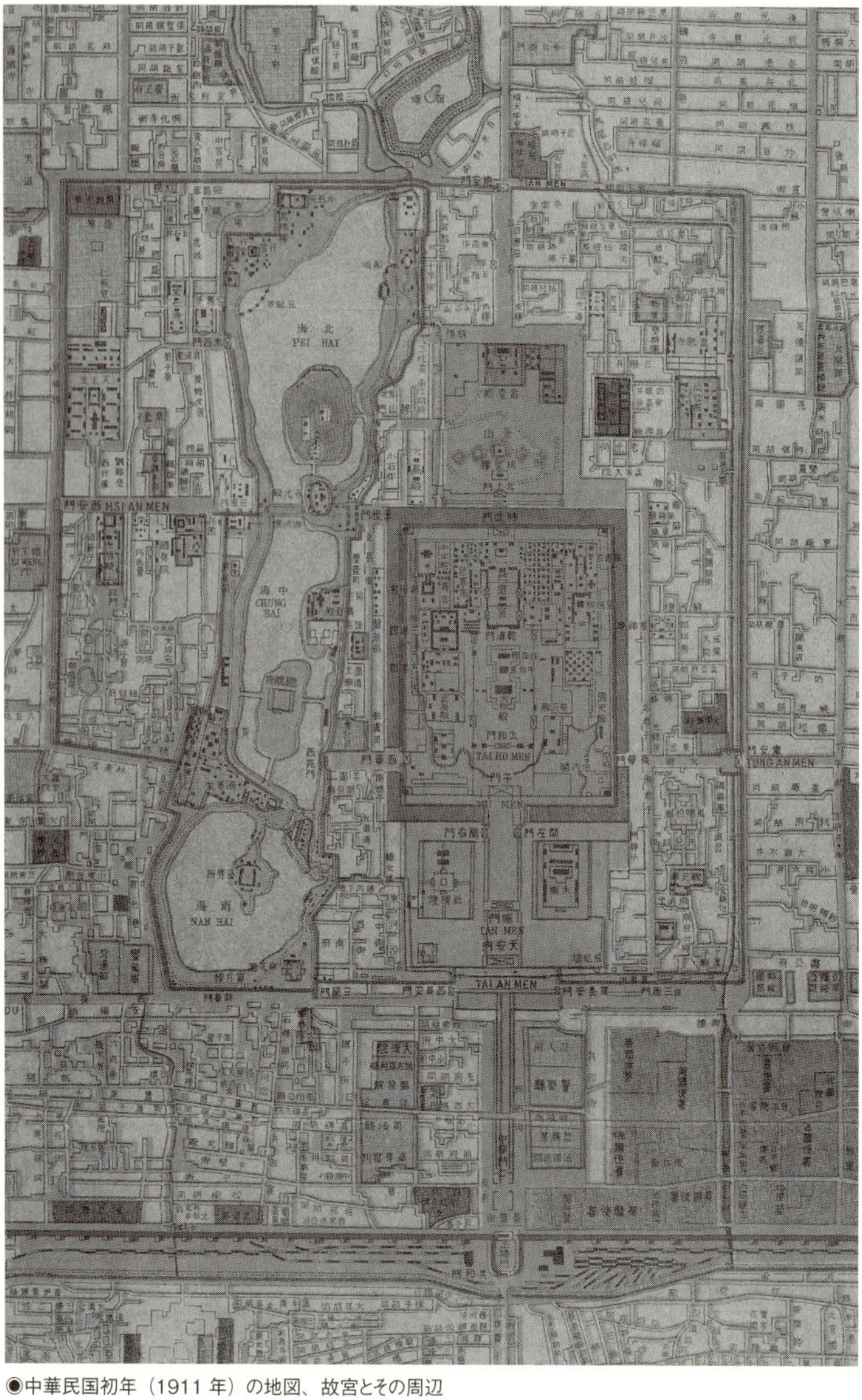

◉中華民国初年（1911 年）の地図、故宮とその周辺

2 消えゆく胡同ネットワーク

裸電球の照らす街

北京はタイムトラベルができる街だ。国内外の著名建築家が競うように建てた高層ビルが並び、気が遠くなるほど道幅が広いCBD地区、つまり二一世紀の中国の経済発展を華々しく象徴しているエリアから、バスで数十分ほど南西に下り、「前門」近辺まで来ると、周辺には今でも、清朝以来の平屋中心の街並みが広がっている。

「外城」、現在の「南城」は、城壁ありし時代から、庶民的な気さくさが持ち味だ。とりわけ、エリア自体が「前門」と総称されている前門大街の周辺は、明清以来の古い歴史を持つ繁華街で、老舗や露店や娯楽施設が軒を連ねるその猥雑な賑わいから、かつては北京の浅草とも呼ばれた。

シンボリックな前門の城楼から南に延びる前門大街を少し南に下ると、商店街として有名な大柵欄と向かい合う場所にあるのが、「鮮魚口」と呼ばれる通り。かつて私が北京で胡同生活を始めた時、最初に住んだのが、この通りを一五分ほど東に歩いて行ったところにある、草廠七条だった。

そもそも当時の南城の胡同は、過度に整備されていない分、雑然《ざつぜん》とした中にオリジナルな味わいを保っているところが多かったが、そんな胡同の中でも、とりわけ昔ながらのどこか懐かしさを覚える雰囲気が残っていたのが、鮮魚口（地図C）の一帯だった。

不思議な形の木造建築、露店の裸電球の黄色い光、生活感の滲んだ雑踏、歴史ある面持ちの銭湯……多少ゴチャゴチャとしてはいても、大らかで飾り気のない下町の風景がそこにはあった。

だが繁華な反面、その周辺は一種のスラム街に近く、経済的に貧しい人や出稼ぎで北京にやってきた人の下宿先が集まっていたのも事実だ。ある日、近所の北京っ子の友人の家を訪ねると、狭い部屋一つに家族五、六人が肩を寄せ合うように暮らしていた。あまりの狭苦しさに唖然としている私を、きまり悪そうに見た友人の顔が今も忘れられない。

大学を辞めて胡同へ

当時、そんな半スラム的環境にいきなり飛び込んで住み始めた私は、知人らの目には相当の変人に映ったに違いない。もちろん、私だって怖くなかったわけではない。だが当時の私は、いわば背水の陣だった。

胡同に住む半年前まで私は、比較文学の研究者になろうという妄想を抱き、文献と必死に格闘していた。好きで進んだ専門で、研究はそれなりに面白かったから、胡同なんて知らないよ、というふりをすれば、たとえへぼな研究であれ、そのまま何事もなく続けていたかもしれない。

だがその一方で、私には長らく自分の中に根を張っていた、強い欲求があった。自分が見聞き

◉草廠四条

し、感じ、考えたことを、自由に、自分なりの方法で表現してみたい、という気持ちだ。

その欲求には文学を研究することで満たされる部分もあったが、満たされない部分もあった。とりわけ、あれこれ自分で見聞きしたい、という願望は、実社会ともっと深く関わってみなければ満たされないように思われた。

そもそも、私がその頃、研究していた作家はみな、激動または暗黒の時代を、荒波にもまれながら生き抜いた人たちばかりだった。そんな彼らの思想や表現を、大学という、いわば温室のような環境にいる若輩者の私が、本当に理解できるのだろうか。そんな疑問も、いつも頭から離れなかった。

つまり、文学の研究者になるには、私は立っている位置がずれすぎていたのだろう。

その「決まりの悪さ」からくるジレンマは、北京で留学生活をするにつれ、さらに膨らんだ。そんな時、私は胡同と出会ったのだった。

北京での留学中、私は胡同のとてつもないカオスにずぶりとはまり込んでしまった。それはまるで底なし沼のようなものだった。もっともっと知りたければ、住んでみるしかない。そう感じた私は、「書を捨てよ、街に出よう」などと気取り、エイッと大学を辞めてしまった。「胡同が私を呼んでいる」といった不遜な言葉さえ脳裏に響いた。

一般的な目から見れば、魔がさしたとか、学者くずれ一直線、ということになる。実際、多額の奨学金の返済のことを考えれば、方向転換のタイミングとしては最悪だった。だが、仕方がない。胡同の神様にとり憑かれてしまったのだ。いや、とり憑くのだから、神様でなく幽霊かもしれない。いずれにせよ、こうなったらとことん自由にやりたいことをやってやれ、という気分だった。

◉西打磨廠の食堂

どうせゼロからやり直すのなら、物を書く仕事がしたい、と思った。幸い当時、運よく北京のコミュニティ誌の編集部に就職できたため、食いっぱぐれることはなかった。だが、大学を飛び

◉雪の日の鑾慶胡同

出したばかりで何の貯金もないばかりか、多額の借金まで抱えていた私は、ハンディばりばりの社会人一年生だった。給料の三分の二は借金返済に充てられた。

　そんな経緯だったから、スラムが怖いなどといった贅沢は言えない。もともと胡同が好きで北京に残ったくらいだから、怖さなどは次々とわき起こる好奇心の嵐に、たちまちのうちに吹き飛ばされた。

　すでに遠くから再開発の槌音は聞こえていたものの、当時の鮮魚口一帯には、生活感あふれる胡同がまだまだたくさん残っていた。そのど真ん中で日々暮らしながら、私はてくてくと飽きることなく胡同を歩いた。とり憑かれていたわけだから、疲れは感じなかった。老北京《ラオベイジン》、つまり昔ながらの北京のさまざまなパーツが自分に語りかけてくるように感じ、私は全身全霊でそれらを自分の中に取り込もうとしていた。

もちろん、初めての胡同生活が大変でなかったと言えば嘘になる。私が紹介された部屋は、胡同の平屋の中でもかなり簡素な部類に入る、トイレも風呂も台所もない貸間。しかも移ったのは厳寒の一二月だった。

練炭ストーブの日々

当時、北京の平屋の暖房用のストーブはたいてい「土暖気《トゥーヌアンチー》」か「炉子《ルーズ》」だった。いずれもハチの巣練炭を炉で焚いて暖をとる暖房器具だが、まず部屋の壁に水の入った管をぐるりと巡らせ、その中の水を絶えず炉で温め、循環させることで暖をとるのが土暖気、暖炉とその太い排煙管から直接暖をとるのが炉子だ。

私の下宿で使われていたのは「土暖気」だった。零度以下の部屋は暖まるのに時間がかかるし、練炭は消えるとまた火をつけるのが大変なので、冬は一日中、火を絶やさないようにするのが普通だ。ストーブは隣りの部屋に住む大家さんと共用だったため、幸い大家さんが部屋の外の共用スペースにあるストーブを焚く役を引き受けてくれたのだが、実際は夜、部屋に帰っても外との温度差はほとんど感じられなかった。そもそもストーブは、部屋ごとに燃料を入れる穴が別々。経済観念が抜群に発達した大家さんは、昼間外で働いている間も私の部屋を温めておくのは燃料の無駄だと考えたらしく、その穴では最低限以下の練炭しか焚いてくれなかったのだ。

だが、そんな大家さんの倹約精神に合わせていたのでは体がもたない。北京の冬は最高気温でさえ零下六、七度という日もある。やむなく電気ストーブを入手したが、建物の許容電流が小さかったので、すぐにヒューズが飛んだ。その時、北京っ子の友人が「これ使えよ」と持ってきてくれたのが電気毛布。私は、一番困った時に助けの手を差し伸べることを指す「雪中に炭を送る」ということわざの意味をしみじみと噛みしめた。

もちろん、大家さんとの交渉も試みた。だがそもそも、大家さんは福建省の出身で、標準語がほとんど話せない。だから、交渉どころか会話自体が成り立たなかった。しかも隣りの大家さん一家では、ひと部屋にいつも六、七人がひしめきあい、さらには絶えず田舎から出稼ぎに来る親戚を泊めていた。彼らが人の発する熱だけで部屋の暖房は十分、と考えても無理はない。「もともと故郷の福建省には全室暖房などという概念はないはずだしなあ」と悔し涙を飲むしかなかった。必死の「寒いよ」ゼスチャーも空しく、結局部屋はほとんど暖かくならないまま、季節は春を迎えた。

ちなみに、二〇〇八年の北京オリンピックを境に、北京では大気汚染対策のため蓄熱型電気暖房が普及した。蓄熱型電気暖房とは、電気料金の安い夜間に集中的に暖気を蓄え、日中は電源を切って、少しず

◉蜂の巣練炭を使うストーブ

つその暖気を放つタイプの暖房だ。そのため少なくとも現在の都心部では、土暖気や炉子を煤だらけになりながら焚く風景は、過去のものとなりつつある。

暖房の問題以外でも、大家さんとのやりとりは齟齬《そご》のオンパレードだった。家賃は月末払いだったが、私が月半ばのある日、一時帰国のため、小さなトランクに荷物をまとめて下宿を出ると、大家さんが焦った形相で追いかけてきた。最初は何を言っているのかちんぷんかんぷんだったが、やがて半月分の家賃二〇〇元（日本円で当時二八〇〇円ほど）を払えと迫っていることが分かった。私が家賃を滞納してドロンすると勘違いしたのだ。えらく疑り深いな、と思ったが、今思えば、当時の私はそれだけ身軽に見えたのかもしれない。

結局のところ、私の最初の胡同生活は、試練に満ちた結末を迎えた。私が大家さん、あるいはその親戚だと思っていた福建人一家は、実は不当なまた貸しをしていただけの、ニセ家主だったのだ。翌年の春、本物の家主にまた貸しと私の存在がばれると、私は通報を受けた地元の警察から「三日以内にここを出て行け」との、冷酷至極な宣告を受けた。

地上から消えた川

だがそんなトラブルや結末こそあれ、当時の私は、近所の下町っ子たちと飾らないつきあいができること、そして何より、日常生活の中で胡同歩きができることが、新鮮でたまらなかった。そんな当時、歩いてすぐの鮮魚口（地図C）は、私にとって「好きな胡同ベスト三」の一つだった。

◉取り壊される直前の鮮魚口の商業建築

　北京では新鮮な海鮮が手に入りづらいため、「鮮魚口」などという地名を見るとつい嬉しくなり、「昔はここで新鮮な魚が買えたのかな」と妄想してしまう。史料を漁ってみると、まさにその通りで、明代に生まれたこの通りは、かつて「鮮魚巷」と呼ばれ、新鮮な魚を売る魚市で賑わっていたらしい。ただ過剰な期待は禁物で、売っていたのは川魚オンリーだ。さすがに海は遠すぎたし、そもそも当時の北京には海鮮を食べる文化そのものがなかった。

　だが、ここで頭をひねってしまう。現在、この付近には一筋も川が見られない。クーラー・ボックスもない当時、どうやって魚を「鮮魚」のまま運んできたのだろうか。不思議に思って明代の地図を開くと、見つかった。鮮魚口の東からその東南の、現在は「三里河」という地名しか残っていない一帯にかけて、一本の川が流れている。清代末期に涸れてしまうまで、この付近には北京の旧城をめぐる堀から流れ出た三里河があった。この川を経て水揚げされた魚が、鮮魚口で売られていたのだ。胡同には東西方向に走るものが圧倒的に多いが、鮮魚口一帯には南北に走る胡同が何本もある。つまりここでは、まず三里河ありきで街が形成されたことになる。

清代の半ば以降になると、鮮魚口は店舗が集まる商業街として繁栄する。靴や帽子を売る店が数多く軒を連ねたほか、モツを片栗粉とともに煮た「炒肝児《チャオガー》」の天興居、北京ダックで有名な便宜坊などの老舗レストランも人気を誇った。手軽に食べられる軽食、小吃《シャオチー》の店や、黒猴児百貨店なども人気を集めていたという。

最盛期の賑わいには及ばなかったものの、二〇〇五年くらいまでの鮮魚口では、その華やかな商業文化の名残を、意匠をこらした建築の形や、不思議な魅力をもつ中洋折衷の様式のファサードに見ることができた。少し湾曲した通り沿いに、食品店や食堂、日用雑貨や果物などを売る露店や半露天の店などが軒を連ね、日暮れ時から夜にかけては、裸電球の温もりある灯りが照らす品々の傍らを、仕事帰りの人々がせわしなく行き交っていた。その喧騒はいかにもバザール的で、商いという行為をめぐる人の記憶の深部をくすぐった。

脱衣場がレジャーランドに

もう一つ忘れてならないのは、かつてここに「前門名物」ともいえる銭湯があったことだ。それは「興華浴池」で、現在は復元されたファサードのみが残っている。昔の北京では、貧しい家はもちろん、かなり裕福な家庭でも自宅に風呂がない場合が多かった。そのため、彼らを満足させるべく発達した北京の銭湯は、とてもバラエティに富んだ文化をもっていた。そのかつての賑わいは、映画『こころの湯』（チャン・ヤン監督、二〇〇七年）でも生き生きと表現されている。

そもそも前門と銭湯は縁が深い。清末に北京最初の総合入浴施設とも呼べる「東昇平浴堂」ができたのが前門だった。上海文化の影響を受けたもので、清潔度、見栄え、サービス内容のいずれも、従来の銭湯の比ではなかったらしい。

まず、入浴用の湯は熱さによって三段階に分かれていた。脱衣場にも、大部屋のほかに個室があり、豪華個室にはタンスや鏡台や石鹸まであった。三助や丁稚のサービスも至れり尽くせりで、客が来ると手ぬぐいを渡し、その客の使う寝台にタオルを敷いた。客の上着は竿で梁《はり》の上にかけたというが、これは紛失を防ぐとともに、食い逃げならぬ「入り逃げ」を防ぐ目的もあったらしい。

◉リニューアルされた興華浴池のファサード

当時の銭湯では、とにかくさまざまなことが楽しめたようだ。客はそこで、各種按摩や吸いふくべ（ガラス瓶で悪い血などを吸い取る民間療法）、喫茶、将棋、マージャン、こおろぎ相撲、理髪などができ、流しの芸人を呼び込んで、その唄を楽しむことだってできた。とにかく寛げることなら何でもござれ。その後アヘンまで持ち込まれたのはいただけないが、彼らの中には、家族全員で銭湯を訪れ、一日を過ごして帰る人もいたというから、その充実ぶりは推して知るべしだ。

当時の入浴客の中には、お腹が空くと特定の店を指定して丁稚に食事を買いに行かせる者もいた。もちろん、帰り道に近くの食堂に寄る、という手もある。前門の銭湯と食堂は持ちつ持たれつの関係にあったわけだ。

それにしても、ひと風呂浴びた後に食べる小吃《シャオチー》（軽食スナック）は、格別の味わいだっただろう。

無垢な少女との出会い

もっとも、こういった銭湯は、あくまでも比較的裕福な家柄の人が通った、今でいう高級スパだ。貧しい人々の通う銭湯はもっと無愛想で簡素だった。家でたらいで、という人も多かったに違いない。実際、私が胡同で下宿さがしをしていた時も、一年を通してたらいで体を洗っている、というおばあさんに出会った。その家に下宿するのであれば私も同じ条件だったが、冬の寒さを思うとさすがにためらわれ、自分の限界を知った。

そもそも、北京に限らず、中国ではあまり熱々の湯で沐浴する人は見かけない。夏ならなおさらで、北京の胡同では少し前まで、屋根の上にドラム缶があるのをよく見かけた。中に水を入れて日光で温め、シャワーに使っているという。

解放後（一九四九年の新中国成立以後）から文化大革命（一九六五～一九七六年に行われた政治闘争）直後にかけては、先述のような北京版高級スパから、湯船、シャワー、脱衣場、およびオプションの垢すりサービス以外を取り除いた「庶民派バージョン」が普及した。垢すりだけが「ブルジョワ的」とされずに残ったのは、背中には手が届かない人が多いから、という理屈らしい。ちなみに垢すりサービスは前半身と後半身に分かれ、それぞれ同額だった。注文すればジャスミン茶も出てきたという。

だがこの庶民派バージョンも近年はめっきり減り、今はもう都心には数えられるほどしか残っていない。

実は、草廠七条に住んでいた当時、私もその手の銭湯に通っていた。星空を眺めながらの行き帰りは何とも気持ち良かったが、零下一〇度以下の冬の日はあまりのんびりとはしていられなかった。銭湯を出てから家に帰りつくまでの五分ほどの間に、梳《す》いた洗い髪がガチガチに凍ったからだ。凍った髪は、溶けて乾くとストレートパーマをかけたようになった。

私が通っていた銭湯は、北京の多くの銭湯と同じように、女風呂には湯船がなく、足で板を踏むとお湯が出てくるシャワーしかなかった。湯の出の良い場所と悪い場所があり、いい場所を占めているのはたいてい古顔だった。よそ者が肩身の狭い思いをするのは日本の銭湯と同じだ、とそんな比較をする一方で、印象的な出会いもあった。

ある日シャワーで、まだ少女っぽさの抜けぬ出稼ぎ労働者風の女の子と隣り合わせになった。閉店間際の混雑した時間帯にお互い体を洗いながらだから、大した言葉を交わしたわけではない。だが彼女は、初対面にも関わらず、抜け毛の多い私を「たいへんね」と心配し、背中についた毛を丁寧にとってくれたのだった。邪気というもののまったくない、その素朴で純情そのものの振る舞いに、私は何とも言えぬ感動を覚えた。

草廠七条の、一〇〇年前の需要を満たしていれば十分といわんばかりの、大雑把極まりない住環境の平屋に住んでいた頃は、ある意味、毎日誰かと野外キャンプをしているような楽しさがあった。生きるために最低限必要なことに手間暇をかけることで、生きているという実感が増した、ということもある。だがそれ以上に、不便な環境の中にいろいろな人が集っているからこそ触れられる、言葉ではなかなか言い尽くせない温情があった。温情なら日本でも出会えるが、そこは胡同っ子、表し方がだいぶ違う。「おお、そう来たか」という意外性に面喰らうこともしばしばで、それこそが、当時の胡同暮らしの最大の醍醐味だったかもしれない。

胡同っ子ネットワーク

友人つながりが多かったこともあるが、当時の私は、北京っ子の家に遊びに行くたび、そう長

◉草廠胡同の一角

いつき合いの家でなくても、不思議とくつろげてしまった。思うに、それは恐らく、外国人の私をわざわざお客様として呼んだ、という感じがあまりしなかったからだ。

北京の下町っ子には、串に何かを次々と刺すかのように、暇さえあれば隣人宅を一軒一軒訪ねてはおしゃべりする「串門児《チュアンメー》」文化がある。本当の北京っ子はそこまで「串門児」をしない、という説もあるが、それはかつての満州貴族や高級官吏や富商などといった、暮らし向きの良かった家庭のことだろう。少なくとも私の印象からいえば、全般的に胡同の隣人関係は実に濃密だ。暇さえあれば、おしゃべりや情報交換のために近所の家を訪ね、時には食事までともにしてしまう。

私の草廠七条（地図C）での下宿先は、会社つきの運転手をしていた知り合いのYさんが自宅の近くで探してくれたものだった。そのYさんは「顔がきく」ことが自慢。隣人たちとの交友関係も密な、典型的な下町北京っ子だった。Yさんの家では、夕食の間もひっきりなしに誰かがふらりと門をくぐり、話を始める。そんな中にいると、自然と私も「そのうちの一人」という感じになり、緊張が解けた。主人と話をしていても、いろんな隣人や友人やらがかまわず割り込んでくる。「ああ、そのことならあいつに聞けばいいよ」と家の主人が指さす先を見ると、知らぬ間に訪れていた新たな客が、ちょっと照れた顔をこちらに向けていたりした。

あの頃つき合いがあった北京っ子たちは、そんな風に友人の友人がそのまた友人を連れてきた、という塩梅で知り合った人ばかりで、まさに何年、何十年もの地縁関係が生んだ、網の目のような胡同ネットワークの中にいた人たちだった。彼らが自然に具えている、ときに「腐れ縁」的な隣人とのつながりは、私にはたいそうまぶしく見えた。それは私が、子供の頃から引っ越しを繰り返してきていて、地縁から断絶されているのが習い性のようになっていたからかもしれない。

彼らの間では、単なる隣人や家族の関係だけでなく、親友、悪友、兄貴分、弟分、ボス、手下、商売仲間、ライバル、恋人、愛人（！）といったあらゆる伝統的な人間関係が網の目のように広がっていた。それは時に絡まり合ったり、切れそうになったり、若干の配置換えをしたりしながらも、いわく言い難い引力で、各自を胡同ネットワークの一部に落ち着かせていた。そもそも、輪の中心となっていたYさん夫婦そのものが、地元で生まれ育った幼馴染同士。つきあったり別れたり、といった波乱を経て、三〇代になってから最終的にゴールインした、伝説的な美男美女

「腐れ縁」カップルだった。

もちろん、人のつながりが濃いというのは、時に不愉快な関係にも巻き込まれるということで、楽しいばかりでもない。幼馴染だらけ、というのは、周りに自分の過去を知られているということでもある。半分家族のようなものだから、放っておいてほしい時も、いろいろと口を挟まれてしまう。

基本的に「お客さん」であった私自身も時に、彼らの干渉を少々行き過ぎだと感じたものだった。私の下宿に誰が来ているかをすぐに察知して、したり顔で「××さんが来てたでしょう」と言う。もちろん、悪意があってではないが、このセンサー度の高さは、中国でも今は小さな山村くらいでしかお目にかかれないものだ。一方で、おせっかいによる恩恵も受けた。私が厚手のデニムを着ていたりすると、私が洗濯機を持っていないことを知っているYさんの妻のGさんは、「こういう布は手洗いが大変でしょう、代わりに洗ってあげる」と言ってきかなかった。

万事がこんな調子だった。Yさん夫妻に限らず、往々にして下町北京っ子は親切の押し売りが大好きだ。その「親切スイッチ」がオンになると、それをオフにするのはけっこう難しい。とくにGさんの「ご飯食べていきなさい」攻撃はとても巧みで、私や友人たちはしょっちゅう陥落した。もっともGさんの場合、Yさんがけっこう女好きなので、Yさんの女友達にはとくに親切にし、自分を尊重するよう予防線を張っておく、という裏の意図もあったようだ。

思い出の羊肉カレー

だが正直なところ、Gさんの心配はまったくの杞憂で、むしろ当時の私は寝ても覚めても胡同のことばかり考えていた。とはいえ、Yさん夫妻の存在が、私を新たなステップへと運んでくれたのは確かだ。

Yさん夫婦を見ていて、しばしば感じることがあった。喧嘩したりのろけたりして、一見波乱万丈だけれど、根底にあるゆるぎない信頼関係がお互いの心と人生を豊かにしている、と。

それまで結婚について、まるでまじめに考えたことがなく、するべきともすべきでないとも思ったことのなかった私は、ちょうど三〇歳を前にしていたこともあり、突然、「ここで結婚してみるのもいいな。失敗するかもしれないけど、何事も経験だ」という気になった。もちろん、大前提は胡同で暮らし続けられることだ。

いったん、私にそういうスキができると、もともと「いい歳なのに結婚を考えないなんて!」と勝手にやきもきしてくれていた中国の知人たちはじつにおせっかいだった。「ほら、この人はどう?」と勧める「仲人おばさん、仲人おじさん」に後押しされて、私の婚活ライフが始まった。二〇〇二年冬の、まだ「婚活」などという言葉もなかった頃のことで、当時は私も中国風に「対象（お相手）」探しと呼んでいた。

そんな中で出会ったのが今の夫で、仕事上でも相棒の張全だ。もっとも、結局その後また気が変わり、二人とも結婚自体はどうでもよくなったので、実際に籍を入れたのは出会ってから六年半後のこと。つまり、「腐れ縁」もYさん夫婦を手本にしたことになる。

そして出会ったばかりの頃、最初に張全に手料理をふるまったのが、これまたYさん夫婦の家だった。自分自身も胡同で生まれ育っていた張全は、胡同名と番地だけで、Yさんの家にたどり着いた。周辺の胡同は複雑に入り組んでいただけに、「お、胡同通！」と私は心中喜んだ。

その頃、私の下宿には台所がなかったので、Yさん夫婦の許可を得ると、私は離れにあるY家のキッチンを我がもののように占拠し、羊肉カレーを作り始めた。Gさんに「なぜ羊肉なの？」と聞かれたので、「今日来る友達は羊肉好きだから」と言うと、Gさんは意味ありげな笑みを浮かべた。

ちなみにその後、Gさんはその時の話になるたび、

「わざわざ相手の好きな羊肉を入れるってところで、これは本命だなって分かっちゃったのよね、フフフ」

と思いだし笑いをするようになった。

そんなこんなで、何とか羊肉カレーを作り終えると、Yさんの家の客間兼おじいさんの寝室で、賑やかな食事が始まった。メンバーは、私の前からの北京っ子の友達と、自称「私の弟」、その友達、Yさん夫婦、そしてYさんのおじいさん。もちろん、ロマンチックな雰囲気などかけらもない。わいわいがやがやいろんな話で盛り上がり、九〇を超えたおじいさんは戦前から使われている長キセルをプカプカ。まだ数人分のカレーが残っていた鍋は、太い煙突のついた炉子の上で、

ちょうどいい具合に湯気を上げ続けていた……。

しかし、出会いの団欒もあれば、別れの団欒もある。

消えた職人の街

二〇〇三年頃だっただろうか。冬のある日、胡同めぐりという私の趣味を知る北京っ子の友人が、「花児市《ホアシィ》で妻の友人の親戚が集まって火鍋を食べるから一緒に行こう」と誘ってくれたことがあった。

胡同の一角にある天井がやや低めの平屋に入ると、テーブルの真ん中に鎮座していたのは、いかにも北京らしい、真ん中に煙突状の換気用の穴が開いたリング状の銅鍋。その家の女主人が、「これは家で代々使っている鍋だけれど、こんな銅鍋を使っている家はもう少ないのよ」と教えてくれた。具をつけるタレも、どれも似ているように見えて、実は家ごとにちょっとしたこだわりがあるのだ、という。

炉子の炎に銅鍋の炭火が加わり、しかも大家族が勢ぞろい、というわけで、部屋は熱気でムンムンしていたが、今思えばそれは典型的な北京っ子の家庭の団欒風景だった。ただ一つ、普通の団欒と違っていたのは、折に触れ、誰もが写真を熱心に撮っていたことだ。

そう、一カ月後にはこの家も、胡同も、付近の街並みも、すべてが消えてしまうからだった。

彼らの住んでいた花児市（地図C）は、前門の東の崇文門の南にあり、かつて女性が髪につけた造花を売る店が多かったことからその名がついたといわれている。地名が清の乾隆帝の時代以来であることを思えば、造花工芸の歴史も二五〇年は遡れるに違いない。今でこそその数はめっきり少なくなってしまったが、その昔の花児市には、住民にも造花職人はもちろん、モールで小物を作る工芸や、玉彫り工芸の職人などが多く住んでいた。

そんな花児市の、二五〇年の職人の街としての歴史、そして各家族にとっては、家族の生活や団欒の場としての歴史が閉じようとしている時、私は「友人の夫のそのまた友人」というだけの縁で、一家にまるで家族のように温かく迎えられ、親密なおしゃべりの仲間に入れてもらえたのだった。新しい生活に多少の期待もあるのだろう。若い世代にそこまでの悲壮感はなかったが、老夫婦は長年住んだ家や胡同の消失を心から惜しんでいるようだった。実際、この時の取り壊しが与えたショックによって病に倒れ、亡くなった高齢者もいると聞いた。

虫食いだらけの古都

今の花児市は一面、マンションだらけだ。街並みに昔の面影はまったくない。その風景は、まるで中国の他のどこかのマンション街の写真を切り取って貼りつけたみたいに見える。

老北京の文化や歴史をめぐる情報を無数のソースから集めて掲載した「老北京ネット」は、北京オリンピック開催前の胡同の取り壊しが盛んだった時期に、焦燥感に駆られた胡同ファンたちの心をわしづかみにしたウェブサイトだ。このサイトに投稿された花児市出身のハンドル・ネーム茜窓《チエンチュアン》旧友《ジウヨウ》による、「私の花児市、私の家」という文章が心に残る。再開発がおおかた終わった後の二〇〇七年に久々に花児市を訪れた作者は、花児市での子供時代をめぐるさまざまなエピソードをつづりながら、こう嘆く。

「どこに行っても、思い出が火花のように明滅する。私の幼馴染や同級生（六人の名を挙げる）は、みんなどこに行ったんだ？　グルグルと歩き回って、必死で見分けようとするが、どこも昔とはまったく変わってしまっている…（中略）…もの静かで温かみのあった私の胡同を葬り去ってしまった見知らぬ建物を見て、私はこう悟る。ここはもう私の故郷ではなく、私に属する場所でもない、と。私の包頭《バオトウ》胡同東巷は、どこにあるんだ？　私の小学校、私が子供の頃に駆けまわった胡同の数々（九つの胡同を挙げる）はどこに消えてしまった？　もしかしたら、あの子供の頃の楽土は、記憶の破片の中にしか残せないのかもしれない」

かりに登録された文化財や景観でなくとも、住民一人一人の人生に刻まれた記憶は、建物や街並みを唯一無二の貴重な存在にする。だが、為政者やデヴェロッパーはたいてい地元で生まれ育っておらず、土地への愛着もないため、政治的業績や経済的利益を優先しながら開発を進めてしまう。

◉長巷二条、門の両脇の石の置物、門墩

胡同育ちの北京っ子で、子供の頃住んでいた胡同がちゃんと残っている人は幸せだと言われている。空襲も大震災もなく、ましてやダムの底にも沈まなかった改革開放後の北京で、住み慣れたエリア全体がごっそり消えるという怪現象があちこちで起きたからだ。もちろん、街は経済効率をぐっと高めた形で再建される。だが、元の住民にとっては、そこはすでに自分とは無関係の街だ。

だが、一から街を作るのはそんなに簡単な話だろうか。記憶を失った土地が増えるということは、世界に誇る美しさをもつ古都、北京が虫食いの穴だらけになるようなものだ。

すでに巨大な穴だらけの北京で今できるのは、その穴の無秩序な拡大を食い止め、忘却に抗うことだけなのだろう。一人の過客に過ぎない私も、歓待してくれた胡同っ子たちへのせめてもの恩返しとして、あの最後の宴の晩に味わった人の輪の温もり、そして同じような宴があの頃、花児市のあちこちで開かれたであろうことを、胸に刻み続けている。

風景ががらりと一変

花児市の消失だけでも十分心乱されたのだから、二〇〇六年に鮮魚口から興隆街を経て草廠胡同に至るまでの一帯で大規模な取り壊しが始まった時は、ショックなどというものではなかった。

同じ頃に始まった周辺の再開発も含めれば、影響が及ぶ範囲は二平方キロメートルほどに及ん

◉取り壊される前の鮮魚口

だ。そもそもこの一帯は一九九九年には「歴史文化保護街区」に指定されたエリアだ。だが、行政側にとっての「保護」とは、すでにあるものを最大限残しつつ必要な補修を行うということではなく、「同じものを一から作り直す」というほぼ不可能なことにチャレンジすることらしかった。

鮮魚口を特徴づけていた珍しい形の木造建築が消え、興隆街やその北の西打磨廠に残っていた中華民国期（一九一二～一九四九年、以下民国期）の面白いファサードも次々と消えた。解放後にできた建物ならなおさらで、かつて私がせっせと通った銭湯も、周囲にあった商店街ごと消えてしまった。

その頃、私はすでに草廠胡同から鐘楼近くの後馬廠胡同に引っ越していたが、時おり足を運んでは「壊され具合」を確認せずにはいられず、そのたびに心が沈み、時には涙ぐみさえした。ある日、ふと壁に「しょっちゅう家に戻っておいで」という落書きがあるのを見つけた。子の里帰りを促す親の心境を歌った流行歌のタイトルだが、すでに去った近所の誰かに呼びかけた言葉のように見えて仕方なかった。

当時、取り壊しの対象となった前門の東南エリアは、住民たちが追い出された後、数年間ほぼ放置状態となった。その間、廃墟の部分は「負の存在感」とでもいうべきものを放ち続けた。かつて人が大勢いたところから人が消えた時の不気味さは、もともと荒野だった場所のそれより何倍も強烈だ。大国の首都のど真ん中にかくも荒涼とした風景が広がっているということに、私はたいへんシュールな感じを覚えた。

毎日のように食事に呼んでくれたY夫妻、「義理の弟にしてよ!」と冗談まじりに懇願してきた心優しい高校生、どういうわけかみなに「変態」呼ばわりされていた男の子、水商売風なのに、近所の仲間と飲み始めるとただの幼馴染の顔に戻っていたお姉さん、といったかつて私と親しくしてくれた近所の個性的な面々は、今は誰もそこに住んでいない。風呂屋で逢ったきりの、あの出稼ぎの女の子ならなおさらだろう。何しろ、最終的には元の住民の七割ほどが引っ越してしまったといわれているのだ。ちなみに大がかりな取り壊しが始まってから八年目の二〇一四年現在も、この一帯はまだガランとしたままだ。

その後も北京のあちこちで、古い街並みの取り壊しが容赦なく進んでいる。だが、さまざまな重機や建設労働者たちの手がその価値を知らぬまま容赦なく壊し続けているのは、伝統的な建物や街並みだけではない。土地に刻まれた記憶、人の生活の匂い、人と人のつながり、そして自分をふと見つめ直したくなった時の心の拠り所までが、槌音の下、音なくして消えている。

荒れた胡同に市が立つ

実際のところは、鮮魚口近くの胡同を出て行った住民たちがみな、住み慣れた土地を離れたくない、胡同の文化を守りたい、といった意識を抱いていたわけではないだろう。他のエリアにすでに持ち家があるため、家を明け渡しても暮らしがそこまで左右されなかった家主や、もともとマンション生活への憧れがあり、すでにある貯金に立ち退きの補償金を上乗せしたり、補償金を頭金にして住宅ローンを組んだりすることで夢がかなったという人も少なからずいるはずだ。

だが結果的に、納得の上で立ち退いた住民は少なかった、というのが私の印象だ。それは、補償金の額が多くの住民の期待していたレベルに遠く及ばなかったためと、「この地域が今後どうなるのか」がはっきりと明言されないまま、取り壊しだけが進んだためだ。先述のYさん一家は、立ち退きに最後の方まで抗った家族の一つだったが、Yさんも、「一番許せないのは、先祖代々住んできたこの土地が今後どんな風に利用されるのか、ぜんぜん分からないことだ」と怒っていた。

草廠七条のすぐ北に西打磨廠（地図C）という、これまた古い歴史を持ちながら、不幸にも鮮魚口と同時期に再開発の対象となった胡同がある。取り壊しが始まった頃、私はその胡同で会う人ごとに、「これからここは何になるんですか」と尋ねてみた。未来の「西打磨廠像」は人によってさまざま。高級住宅地だろうとか、人民大会堂専用の駐車場じゃないか、など諸説紛々だったが、結局のところ答えをはっきりと知っていた住民は誰もいなかった。

もっとも住民を責めるわけにはいかない。実際の話、一帯の開発プランは二転、三転したらしい。後にある北京出身の建築デザイナーが、こう語ってくれた。「任務だったのでプランを作成はしたが、当時すでに、かなりの規模の伝統的な街並みが破壊されていたため、心がとても痛んだ。プランが選考から落ちた時は、むしろほっとしたよ」。

二〇一四年の春、西打磨廠を訪れると、容赦なく拡幅された道に沿って、延々と野菜や果物を売る朝市が立っていた。買い手は明らかに、進んで、あるいはやむなく住み続けることを選んだ近所の住人たちだ。私は地面に無造作に積まれた野菜を見ながら、焼け野原に青い草が生えるのを見るような感慨を覚えた。

貼っては剥がされるビラ

西打磨廠一帯に「やむなく住み続けた住民」の多さは、もちろん立ち退きの補償の不十分さと関係しているに違いなかった。

一九九〇年代以前など、比較的早期の立ち退きであれば、立ち退いた世帯には現住所からわりと近い場所にある「回遷房」と呼ばれる補償用の家屋が安価、または無償であてがわれた。そ

◉取り壊される前の鮮魚口副食店跡

のため、住民たちはもとの住所に近い場所にふたたび住宅を求めることができた。しかしその後、再開発の規模が広がり、デヴェロッパーがより大きな利潤を求めるようになると、「家を以って家に換える」制度より「補償金だけをあてがう」形が優先され始める。かりに代替であてがわれるマンションがあっても、それはどんどんと郊外の、不便で建物の質も当てにならないものになっていった。

たいていの人が、そんなに立ち退きの条件が悪いのなら、なぜ被害者同士が団結して拒否しないのか、という疑問を抱くことだろう。ある日、私が同じ疑問を付近の住民に投げかけると、「ここら辺の住民は、みな目先の利益につられてしまう小市民だから、団結などできないよ」との答えが返ってきた。みなお金に余裕がないから、「今立ち退けば、あなただけ補償金を上乗せする」などといった拆遷公司側の甘い誘いに乗ってしまいやすい、ということだろう。だが実際には、住民たちの間にも、団結して立ち退きの強制に抵抗し、自らの権益を守ろうとする動きがなかったわけではない。

前門での大規模な取り壊しの経過を追ううち、私はエリアごとに順にやってくる立ち退き勧告について、その公示から立ち退きの最終期限までの時間がどんどん短縮されていることに気づいた。それは、住民が一致団結して反抗するケースが増えたため、その団結の時間を与えないようにするためだと噂されていた。もちろん、北京オリンピックの開催日が迫っていたこととも関係があったに違いない。なぜなら、オリンピックの年は新たな取り壊しを行ってはならない、という条例が出されていたからだ。

当時、前門の一帯を歩くと、多くの住民が胡同で取り壊しの経過について立ち話をしていた。あらゆる他の媒体の情報と比べ、口コミの情報が一番具体的で頼りになるからだった。取り壊しに反対の意を示すビラが、胡同の壁のあちこちに次々と貼られていたが、いずれも翌日には剥がされ、さらにその上に取り壊しの告知が貼られた。延々と続く「いたちごっこ」が、ただでさえピリピリとしていた胡同の空気を、一層ささくれ立ったものにしていた。オリンピック期間中、表向きはデモの自由が掲げられたが、取り壊しの不合理性を訴える前門の住民たちのデモは許可されなかった。

天安門を思い出せ

立ち退きに強く抗い続けたYさんは、ある日とうとう、拆遷公司側から「天安門を思い出せ」という脅迫の言葉を浴びせられた。どうしても立ち退かないなら、天安門事件の時のように暴力的手段を採り、投獄だってするぞ、という意味だろう。まだ小学生の娘がいるYさんは、家族のためを思い、しぶしぶ住み慣れた家を去った。

その後、河北省で養豚業や小売商などを試みて次々と失敗したYさんは、親戚の家を転々とした後、河北省との境界近くに非合法の格安マンションを買った。ある日Yさんの誕生日パーティーに呼ばれたので、前門から東へ三〇キロほどのそのマンションに行ってみると、草廠七条に住んでいた頃の近所の友人が勢ぞろいしていた。みんなに今住んでいる場所を聞くと、北や東や南の郊外ばかりで、みごとにバラバラ。前門エリアには一部、壊されなかった家もあったものの、元の家に今も住んでいる人は一人しかいなかった。Yさんは、「一時期は、やくざの世界にも足を突っ込んだんだぜ。足を洗うのが大変だった」と腕の入れ墨を見せてくれた。

郊外に引っ越した後も、Yさんは娘を前門の小学校に通わせ続けていた。あと二年足らずで卒業なのに転校はかわいそうだし、都心の教育レベルの方が高いと感じたからだ。学校までは片道一時間半以上。毎朝四時には起き、朝食はバスや地下鉄の中で食べている、と話す娘さんを、私はどう慰めていいか分からなかった。その通学ルートは、朝の通勤ラッシュのひどさで悪名高く、その混雑ぶりは、大の大人でさえ音を上げてしまうほどだったからだ。だが、仲良しの同級生に毎日会えるだけ、娘さんの方が両親よりまだ幸せなのかもしれなかった。

まだ四〇歳そこそこで、移住先での生活にそれなりの希望も抱いているように見えたGさんが、会話の合間に、ふと寂しそうにつぶやいた。

「昔はやっぱりよかったわね。門をちょっと出ると、隣りがみんな知り合いで、気ままにおしゃべりができたから」

さりげないが、実感のこめられた言葉に、私はつい目の奥が熱くなった。

3 「自由」の領域

一〇〇年の老舗の葛藤

北京オリンピックから数年後のある日、北京でも有名な観光地の一角を訪れた時のこと。北京っ子の友人の勧めで、偶然ある食堂に入った。店内は地元の人らしき客で賑わっている。友人の話によれば、ここは一〇〇年の歴史をもつ、味の確かな老舗だという。だが、店主のAさんの話を聞くと、思いがけぬ苦労話が飛び出した。変化の激しい現在の北京の胡同では、個人で開いている食堂がその味と顧客を守り続けるのは、それはもうたいへんなことらしい。

一代目から数えれば、この店の歴史は一〇〇年以上。中国現代史の荒波を乗り越え、Aさんは、何とか先代の味を受け継ぐことに成功した。有名な老舗ほど国営化で吸収合併されたりしていることが多い中国では、先祖代々ひとつの看板を守り続けたこの店は、とても貴重な存在だった。

ところが、二〇〇八年の北京オリンピック開催を前にした景観整備の際、店の主人は残酷な宣告を受けた。古びた店構えは景観を損なうとの観点から、店そのものが撤去されることになったのだ。

「慌てましたよ。さまざまな役所に何度も足を運んでは、営業を続けられるよう、申請や交渉をしました。ねばりにねばり、やっとすぐ近くに店を出す許可をもらいましたが、それはもうオリンピック開幕の直前でした」

申請したのは一〇〇平方メートル。元の店を知る私が、「前の店はもっと小さかったでしょう? なぜ一〇〇平方メートルなんですか?」と問うと、「それまでは、先祖の店を自然と引き継いだ形でしたが、厳密な規定では、食堂を経営する際は、厨房などの空間に五〇平方メートルを確保するよう義務付けられているのです。だから、ホールと合わせて一〇〇平方メートルは必須でした」とのこと。だが実際には、移転後の営業面積は七〇平方メートル分しか与えられなかった。

「それでも今どき、元の店の近くで、前より広い店を開けるなんて、かなり幸運な方ですからね。北京っ子というものは、そういうちょっとした恩恵で簡単に満足してしまうものなんです」とAさんは照れ笑いした。

闇営業を強いられる

だが、ここからが誤算だった。

「あれから五年。何度も頼みに行きましたが、どうしても『不動産権利書』がもらえないんです」

とAさん。オリンピックの時期には特殊な政策が特別な部門によって実施されたこともあり、担当が従来の部門に戻った後は、いくら頼んでもはぐらかされてしまうのだという。

中国では、不動産の権利書をもたない店舗は、衛生許可証が得られない。かくしてAさんは、看板は堂々と掲げられても、実質上は闇営業を強いられることになった。

「怖いのは、万が一、料理に虫が入ってしまったりして、クレームがついた場合です。事を荒立てられて、営業できなくなる可能性があります」

いわば「脛《すね》に疵《きず》もつ」店というわけだが、それだけに、衛生には細心の注意を払っている。何といっても老舗にとっては「味」と「信用」こそが命。一〇〇年の伝統は逆境でこそ、力を発揮するのだろう。

そもそも、中国では屋台などを中心に、どう見てもちゃんと営業税を払っているとは思えない店が多いが、闇営業のこの店には当然、税の取り立ても来ない。だから価格は北京でも一、二を争う安さだ。そんなこんなで、店は大繁盛。食事時には、空席を探すのも難しいほどになる。

だが、それでもAさんの不安が消えるわけではない。「いくら商売がうまくいっても、正式な許可証がもらえないというのは、やはり心落ち着かないものです。いったいどういうことなんでしょうね」。そんなAさんの声が耳に残った。

胡同はみんなのもの

Aさんのように、固定した店を構えていても店を維持できるかは運次第となると、露店の場合は、言うまでもない。露店にもいろいろあるが、中でも道端に布を広げてさまざまなものを売っている、一番シンプル、そしてしばしば非合法なタイプの露店は、つねに明日どころか、一分後をも知れぬ運命だ。都市の秩序の維持を職務とする「城管」たちの目の敵にされているため、彼らの気配を感じたら、さっと品物を布でくるんで逃げ出さなくてはならない。実際、私も彼らが逃げ出す場に遭遇したことがあるが、さすが生活がかかっているだけあって、逃げる時の機敏さと足の速さは陸上競技並み。思わずストップウォッチを押したくなる。

◉1000年前の遼代の城壁の跡に立つ老墻根街の市

一方、もっと小心者で運動能力に自信のないタイプは、ごく普通のカバンに商品を詰め込んだり、いっそバンの荷台に積んだりしたまま売っていて、いつでも「商品なんてないふり」ができるように工夫を凝らしている。敵から身を守るため、逃げ足の発達する動物と、カモフラージュ術が発達する動物の違いを見るようで、いつも私なら後者だな、と思う。

ただ特別の措置なのか、こういった露店商たちによる市が立つのが習慣化し、半公認のようになっている胡同もあり、よく買い物客で賑わっている。混む時間帯は品も豊富で、ぶらぶら歩きにはもってこいだ。青物市の立つ胡同には、西城区の護国寺の近くにある棉花胡同や東城区の隆福寺街など、伝統的な縁日とのつながりを感じるものもある。老墻根街や白塔寺付近などの日中や夕方の市もしかりだ。

中国の野菜売り場はまだ季節感が強いので、冬は大根と白菜、夏はキュウリやトマトやナスなどが思いっきり主役になる。種類こそ少なめだが、たいてい見ていて元気が出るくらい新鮮だ。その放つエネルギーのせいか、こういった胡同の市は、ただ漫然と歩くだけでも何か満たされた気分になる。風情や活気だけでなく、温もりさえ感じるのは、いかにも中国らしい公共空間の使い方の柔軟性によるのかもしれない。

胡同をただの細い道ではなく「胡同」にしている

◉老墻根街の市、鍋の修理屋さん

のは、そこが「みんなのもの」だという意識だと思う。日本の道路も「みんなのもの」だが、通行する、という用途が何より最優先されるから、それ以外の用途については往々にして、「誰のものでもない」。だが胡同はどうかというと、通行するという用途以外においても、「みんなのもの」なのだ。

「みんなのもの」だということは、「私のもの」でもある。だから、他の人に迷惑をかけない、という原則さえ守れば、自由に使っていい。そういう意識があるからこそ、雨の日も風の日も外で将棋を指していたり、通路に腰かけを出して刺繍や編み物や夕涼みをしていたりするのだ。古くなった大きなソファを壁沿いに置いて、私設ベンチのようにしていることもある。炭焼きコンロをおいてシシカバブを焼き、近所の人と飲み会をしているかと思えば、いっそ折りたたみテーブルを出して夕食を七、八人で賑やかに食べているつわものもいる。こうなるともう、胡同といっても居間の一部だ。もちろん、子供たちにとっても格好の遊び場となる。

人も自由なら動植物も自由。ある家の主が植えたひょうたんやへちまのツタが、隣家の壁まで這っていくなんて珍しくない。ぶどう棚のような屋根にからまり、胡同の上をアーケードのように覆ってしまうことさえある。

木漏れ日の中の朝市

こんな調子だから、今現在がそうであるように、胡同の半分近くが住民の駐車スペースとなっ

◉粉房琉璃街の青物市

てしまっても黙認されてしまうのだろう。そもそも、清代以前を振り返っても、地位や財産のあった者の屋敷の外壁には、かつて屋敷を訪れた客が馬を繋げた鉄の輪があり、門前には主人が馬から降りるのに使った巨大な石があった。その一部は、胡同スペースが昔も私物化されていた証しとして、今もあちこちの胡同に残っている。もっとも、馬は生き物だし盗まれやすいから、自動車のように夜も胡同に置きっぱなしにはしなかっただろう。

話を元に戻せば、こういった「みんなの」胡同の「みんな」が限りなく増殖して、「最大限」になるのが市の立った日の胡同だといえる。

中でも、今は失われてしまった粉房琉璃街（地図D）と呼ばれる胡同の市は最高だった。野菜が中心の市場だったが、歴史を経た建物の壁と、両側にうっそうと茂るエンジュの並木が日差しを遮ってくれるため、夏でも森林の中のように爽やか。露店の集中している南側は、ざわざわとしていて庶民的な活気もたっぷりなのに、そこから少し遠ざかると、圧倒的な静寂が襲ってくる。木漏れ日と胡同の古いレンガ壁とのコントラストがあれほど美しかった胡同を、私は他に知らない。だから、先述の鮮魚口や、その後大変身してしまった南鑼鼓巷と並んで、かつて私はそこを私の「好きな胡同ベスト三」の一つに数えていた。

今思えば、ベスト三のうち、当時の面影を残しているものは一つもなく、鮮魚口と粉房琉璃街に至っては、跡かたもなく消えてしまったのだから、まさに北京の変化は一切無常だ。

粉房琉璃街という不思議な名前の由来は、明初につけられた「粉房劉家街」に遡るとされている。「粉条（はるさめ）」を作っていた劉家の胡同というわけだ。通りの名前になるくらいだから、かなり大きな店だったのだろう。だが、取り壊される前の粉房琉璃街は、はるさめよりむしろ、そこにかつてあった「会館」群の存在によって、独特の魅力を醸し出していた。

地方出身者たちのたまり場

今でも、中国ではその国土の大きさからか、大都市と農村の出身者の常識や生活習慣の違いは大きい。ましてや明や清の時代には、今のように地元以外の情報があれこれ手に入ったわけではないから、各地方から官吏の任用試験である科挙の受験や商売といったさまざまな理由で上京した人たちの「おのぼりさん」度が今よりずっと高かっただろうことは、容易に想像がつく。

だから、上京した者たちが同郷者や同業者同士で助け合おうとしたのは、むしろ自然だった。そんな需要から生まれたのが、北京のあちこちに残る「会館」だ。会館のおもな機能とは、上京した同郷者や同業者に宿や食事を供しつつ、情報交換や祭祀、観劇会などの場も提供する、といったもの。利用者がのちに出世したり財を築いたりすると、かつて利用した会館をきれいに改装したり、増築したりしたため、中には会館でありながら立派な芝居用の舞台を備えるに至ったものもあった。現在、北京の芝居好きや観光客に広く知られている京劇の劇場、「湖広会館」や、同じく京劇専門で舞台の保存状態の良さで知られる「正乙祠戯楼」、そして歌と踊りが売りの東北地方の芸能、「東北二人転」が観られる「劉老根大舞台」などは、いずれも会館にかつて作られた舞台の跡を利用してできた劇場だ。

会館のことを説明する時、北京っ子はよく、現在の「駐京弁公室（略称「駐京弁」）」、つまり地方のさまざまなレベルの自治体が北京に置いている駐北京事務所のようなものだ、と説明する。駐京弁は本来

◉湖広会館跡

は企業の地方への誘致や資金の調達、他の地方政府との取り次ぎ、および地方からの陳情者の管理を目的とした機関だった。だがやがて、中央の要人とのコネ作りの場所として活用されるようになると、贈賄などの汚職の温床だとして、二〇一〇年に国務院の法令によって設置が厳禁された。もっとも、いろんな隠れ蓑を身にまとって、その後も存続しているとされている。

もちろん、時代背景や制度の差は大きいから、会館イコール駐京弁とすることには無理がある。だが、強力な中央集権制度のもとでの、地方と中央との関係には、どうしても時代を越えた類似点が生まれてしまうのだろう。多くの人は清朝から中華民国期、そして中華人民共和国にかけて、中国では政治も社会も何もかも大きく変わったと信じているし、それは恐らく正しい。けれど、実際に中国で暮らしてみると、時代を越えて受け継がれている価値観や現象に気付くこともけっこう多い。

◉京劇の舞台で有名な正乙祠戯楼

どこもかしこも「会館」だらけ

そもそも旧北京城の西南部分にあたる宣武門の南の一帯には、かつての会館跡が四〇〇はあったといわれている。それは、明の時代はこのエリアにまだ空き地が目立っていたため、朝廷の命令でここに会館が集中させられたからでもあるが、そもそも地方から上京した者の多くが最初に宿を取ったのも、このエリアだった。

中でも粉房琉璃街とその西隣の潘家胡同（地図D）は会館の密集地帯で、ある統計によればその数はそれぞれ十六カ所と十二カ所に上ったといわれている。二〇〇七年頃、潘家胡同で漫然と会館探しをしていると、住民らが「ここも、あそこも会館だったよ」と、まさに言葉通りあちらこちらを指さしてくれるので驚いた。保存状態はどれも良くなかったが、中には八つの中庭をもつ構造をちゃんと残しているところもあり、さすが文化界の精鋭が集まった場所だ、とうなった。

清末に科挙が廃止されると、出身地別の会館は同郷会に変わった。同じ志をもつ者たちが各自の夢や抱負を抱いて集い、刺激しあう場となったのだ。こうして、会館は清末から民国期にかけて、歴史上、重要な政治運動や、文学史に残る名作などを育てるゆりかごとなった。今の北京について、政治や経済の中枢が地方出身者に握られていることを指摘する人は多いが、この時期においても、北京は会館などを窓口として、地方からブレーンをグングンと吸い上げていたのだった。一九三五年発行の北京のガイドブックは、「社会公益の部」という章で、慈善団体と並んで北京にある地方や都市別の会館を三五四カ所連ねている。困った時に助けを求められるように、という配慮からだろう。もっとも、この「公益」という分類は、その社会改革に対する貢献度の高さを考えても暗示的だ。政治家の勢力拡大に利用されるケースもあったものの、やはり会館は終始、「社会や政治をどうにかしたい」と願う人々の拠点であり続けた。

その代表格の一つが、粉房琉璃街にある新会会館だろう。清末から民国初期に活躍した啓蒙思想家、梁啓超《りょうけいちょう》が上京時に滞在したとされている場所だ。梁啓超の故居は他にもあるが、梁はこの会館にいた期間、康有為《こうゆうい》らとともに憲法の制定、国会の開設、学制改革などを柱とした変法自強運動を起こした。もっとも、大胆だが性急でもあった維新運動は、西太后らの保守的な勢力によって三カ月余で潰され、梁は康とともに日本に亡命する。

ちなみに、その亡命中に生まれた息子が有名な建築家で建築学者の梁思成《りょうしせい》だ。建築を学んだ梁思成は、戦後、城壁や城門、寺院、街の構造などを含む旧北京城の遺構全般の保護のために奔走する。その保護の努力の大半は踏みにじられ、最終的には北京の城門や城壁の大部分が壊されてしまうが、その未来を見越し、文化財の普遍的価値を説いた優れた見識については、近年、再評価が進んでいる。

破壊に八六%が「反対」

北京オリンピックの熱気も遠ざかりつつあったある日、潘家胡同一帯が取り壊される、というニュースが耳に入った。趣きある生活風景の消失も惜しまれたが、何より、会館群の行方が気になり、居ても立ってもいられなくなった。

一〇〇年以上の歴史をもつ三〇もの会館が取り壊されることを悲しんだのは、私だけではなかった。某ポータルサイトが二〇一一年、ネット上で行ったアンケートでは、八六・七％の回答者が潘家胡同一帯の三〇もの会館が取り壊されることに「反対」と答え、さらに八六・四％がその取り壊しを「文化を破壊する行為であり、制止すべき」としている。当局の許可を得ないアンケートの実施はグレーゾーンであるためか、母数は明示されていないが、八六・七という数からして、母数は少なくとも一〇〇〇以上だと見られる。ネットを閲覧する習慣があるのは比較的年齢の若い人々であることを考慮すれば、高齢者を含むグループを対象に調べた場合、この数はさらにアップするかもしれない。

だが統計のデータの説得力も空しく、その後、潘家胡同も粉房琉璃街もほとんど完膚を残さぬまでに取り壊されてしまった。ある日、半分取り壊され、地名や番地さえ判別しがたくなった粉房琉璃街を訪れると、壁に「あなたの安全のため、危険家屋に住むのはやめましょう」と書いてあった。立ち退きに抗う者たちを戒めているのだろう。だがこれまでの何十年間ずっとここに住んできた人は、同じ年に建てられたマンションではあるまいし、「今からこの通りの家は全部、壊すしか手だてがないほどの危険家屋になりました」と言われて納得できるのだろうか。おとなしく出たからといって、修理してもらえるわけでもなく、一度出たらもう戻って来られないのに。

そんな疑問と、明代以来の六〇〇年の歴史の痕跡が消える怒りを胸に、私はその胡同を離れた。

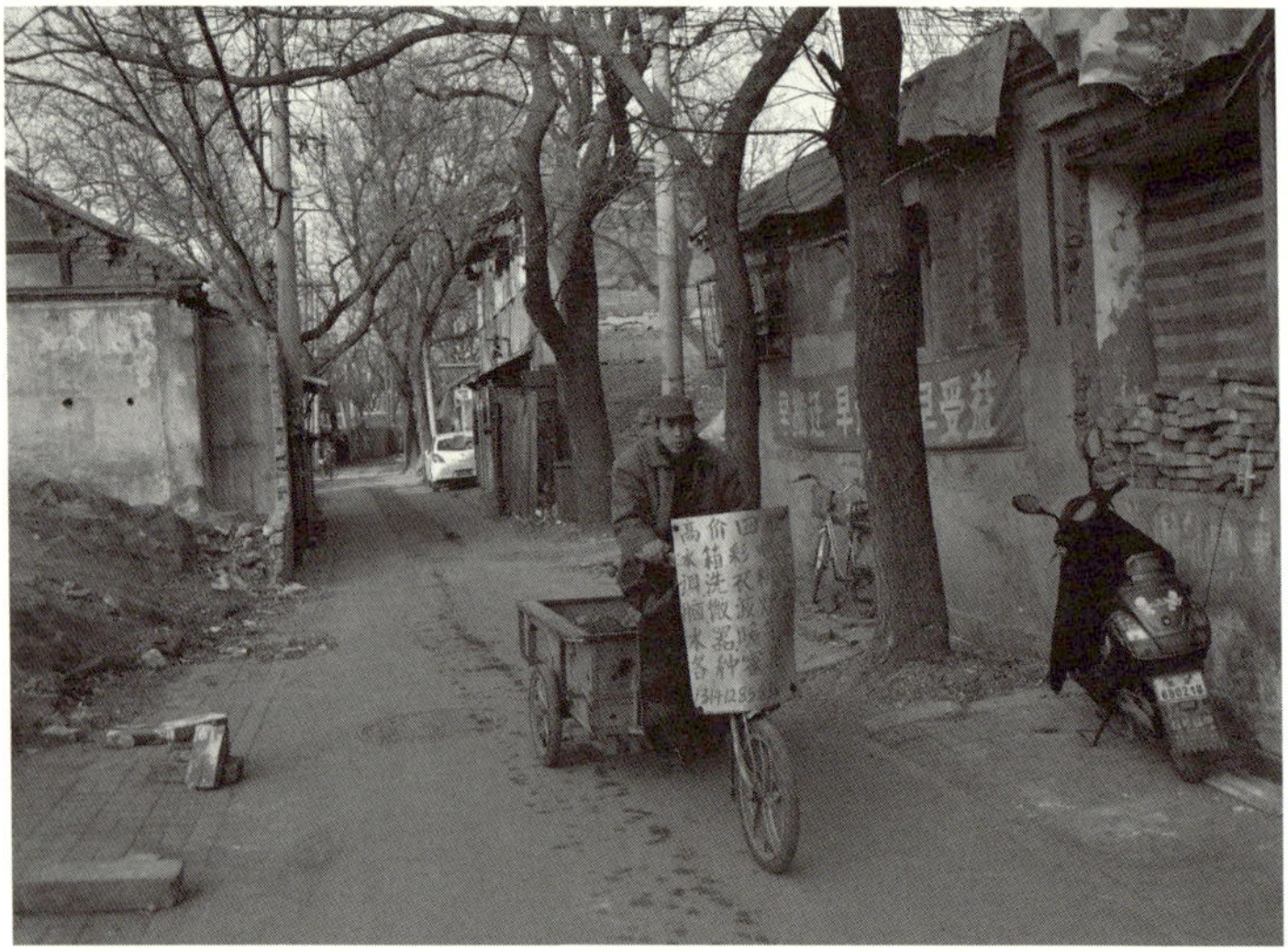

◉取り壊される最中の潘家胡同

幸い、梁啓超ゆかりの新会会館跡については、市民や専門家の反対によって、とりあえずは保護されることになった。だが二〇一四年時点では、まだ不安が残る。一時期は、「保護基準に達していない」、「ここは仮住まいに過ぎなかった」などの理由で、保護の対象から取り外す動きもあったからだ。だが、他の時期に彼が住んだ住宅が天津や広州で大切に保存されていることを思うと、この建物を残さないのはむしろ不自然でさえある。なぜなら、ここに住んでいた頃の梁啓超は、その名をもっとも有名にした歴史的大事件、「戊戌《ぼじゅつ》の変法」の当事者だったからだ。

現在、このエリアを含む広大な範囲が高級マンションの建設用地となっていて、すでに完成しているものもある。プロジェクトの概要をみると、どうも新会会館の他にもいくつか北京の古い民家、四合院が残されるらしい。だが、かつて胡同という環境と絶妙に呼応して建てられていた四合院が、環境をはぎとられ、高層ビルの中にぽつりぽつりとあるというのも、何だか哀しい。ちなみに新しく建てられるマンションの平均単価は一平方メートルあたり五万元弱（約七八万円）。東京の都心並みだ。

私はかつて潘家胡同に残っていた会館跡の一つに入った時のことを思い出した。鳩小屋に入った無数の鳩と犬が出迎えてくれた。そこで出会った、ここに長く住んでいるというおばあさんは、「昔の胡同は、別に清掃係がいたわけでもないのにきれいだったんだよ」としきりに懐かしんでいた。昔の北京の胡同には今と違って、大声で話す人も勝手にゴミや汚水を捨てる人もほとんどいなかったそうだ。

保護区に入らず、元の住民にも見放された一部の胡同では、確かにゴミや騒音の問題が悪化する傾向にあり、もしかしたら潘家胡同もその一つだったかもしれない。だがそのおばあさんもさすがに、胡同そのものがゴミ扱いされ、騒音を立てるブルドーザーに淩《さら》われる日が来るとは、思いもしなかったのではないだろうか。

都市を経営する

旧宣武区に歴史ある会館建築が多数残っていることは、すでに研究者の間でもきちんと考証が行われ、『宣南鴻雪図誌』などの研究書にも詳細に記録されている。そのような地区の胡同を、大した報道や議論も行わないまま取り壊すのは、後々まで証拠が残る破壊行為だ。なのになぜ行政側は、住民や知識人たちの強い反感や恨みを買ってまで、地域の歴史、文化的文脈や価値に壊滅的ダメージを与える開発にゴーサインを出すのか。

中国では二一世紀初頭に、計画経済時代の名残りである支出過多の状態から各都市の財政を脱却させるため、「城市経営（都市経営）」という、名前こそ日本のものと似ているが、実際はかなり中国的特色をもった概念が盛んに提唱された。その定義によると、「城市経営」の経営の主体は都市政府で、実施は各種の企業や仲介組織が担う。資本は土地や河川や湖などで、道路、橋、家屋なども含む。地方政府は土地が基本的に国有であるという条件を利用し、土地や家屋の回収とその開発権の譲渡などを通じて、財政を潤す。そして、その利益を都市運営の財源の一部にあてる。

この都市経営という概念の実践は、過程が不透明で、人民による監視ができない。そのため、「政府の越権を促す」という批判にさらされてきた。これを、二〇〇六年に政府が掲げた、「公平も考慮するが、効率を優先」という原則と組み合わせて考えれば、なぜ二一世紀に入って、住民不在、かつ土地のもち得るあらゆるコンテクストをぶち切った乱暴な開発が、無批判のまま各地で進められたかがよく分かる。

幸か不幸か、その重要な経営モデルにおいて、主要な目標として推奨されたのは、「環境を整備し、都市景観を改善する」ことだった。もっとも、基本が財源確保のための「経営」であり、そもそも住民や有識者の意見を民主的に取り入れる手段に乏しいから、往々にしてこの目標は独善的で、建前的なものに過ぎなくなる。結果的に政府やディベロッパーが力を注ぐのは、開発価値がなるべく高く、なるべく広大な土地の住民を最低限の予算で大量に立ち退かせ、現地の歴史、文化的価値など顧みない強引な再開発を進めることだ。

しかも二〇一〇年に北京市の行政区画の整理が行われ、西城区と宣武区が新西城区に、東城区と崇文区が新東城区に統合されてからは、再開発プロジェクトの強引さ、不透明さは一〇年前の状態に逆戻りしているように見える。そもそも崇文区と宣武区の吸収は、両区の都市経営のテクニックが低かったからだという噂があるが、その噂を裏付けるように、新西城区の旧宣武区エリアでは二〇一一年以降、反対運動によって一時期速度を緩めていた恐ろしい再開発計画が急速に進行し始めた。その結果、〇・四二平方キロメートルの敷地に、「単一の用地を用いるものとしては二環路内で最大規模」のプロジェクトが、無数の四合院建築、そして一六本以上の歴史ある胡同を押しつぶしつつ、着々と完成に近づいている。

4 「自分の家に帰る」ための半世紀

胡同の生きた宝

ある日、近所の顔見知りのおばあさんが、我が家のドアをノックした。ドアを開けると、まるで五歳の子供でも探すように、「うちの息子が来てないかい」と聞いてくる。だが、そのおばあさんの息子はどう見ても五〇代だ。しかも、その息子さんとは通りで見かけると軽く挨拶をする程度の顔見知りに過ぎなかった。だが、数週間前後、また同じことが起きた。一年前に越してきたばかりのそのおばあさんは、ある日急に「有力者である隣人の都合で」住み慣れた胡同を追い出された。だがすでに高齢だったため、郊外のマンション生活にはどうしても慣れられなかった。そこで、平屋生活に戻ったものの、やはり元の家とは勝手が違うため、時々頭が混乱するらしかった。

ふたたび「ここにはいませんよ」とおばあさんを送り出した後、私は荒涼とした取り壊しの跡地を思い出した。胡同の住民たちが、好むと好まざるに関わらず次々と住み慣れた家を追われていく中で、同じような混乱は無数に起きているはずだった。

一般的に、胡同の常住人口の平均年齢は高い。住み慣れた場所に住み続けたい、と思う高齢者が多いこと、そして胡同の集中する二環路内に評判のいい病院が集中していることなどが理由だろう。隣人との関係が近い胡同は、独居老人にも優しい。だがひとたび立ち退きを強いられると、彼らはかなり高い確率で遠い郊外に行かねばならない。胡同に住む高齢者には、都心に家を買い直せるほどの十分な経済力がある人は少ないからだ。

朝、郊外と旧城内を往復するバスに乗ると、郊外から都心の公園や病院に出てくるお年寄りの多さに驚く。公園でバスを降りる人が多いのは、北京っ子の多くに朝、公園で散歩をしたり、友人と集《つど》ったりする習慣があるからだ。

その風景を見て、私はいつも心が痛む。彼らの生活スタイル、ひいては人生そのものが胡同の文化なのに、なぜこんなに遠くに追いやられているのだろうか、と。

胡同ではよく、宝物のような人に出会う。かつて、近所の四合院の母屋に住んでいた車いすのおばあさんは、足に纏足の跡があった。つい「素敵ですね」と声をかけてしまうほど、服がいつも上品でおしゃれだった。その昔は、屋敷の奥の門である垂花門をめったに出なかったような、まさに「深窓の令嬢」

◉瓦礫の中の「雲風理髪館」

だったのだろう。

その一方で、チャキチャキの下町っ子のおじいさんやおばあさんに会うこともある。彼らは昔の寺の縁日で行われた不思議なおまじないや、大道芸人たちの集まった盛り場の様子を、まるで昨日のことのように生き生きと語ってくれる。昔語りをする時の顔は、きまって幸せそうでキラキラとしている。

師匠から受け継いだ昔ながらの技と道具を頼りに、黙々と作品を作り続けている民芸作家たちに至っては、もうその貴重さは神様レベルだ。狭い胡同の奥で、粛々と伝統劇の役者用のかぶり物や、京劇の役者を象った人形などを作る彼らの様子を見ていると、私はよく、作品たちにも「地気《ディーチー》」は大切なのだ、と感じる。

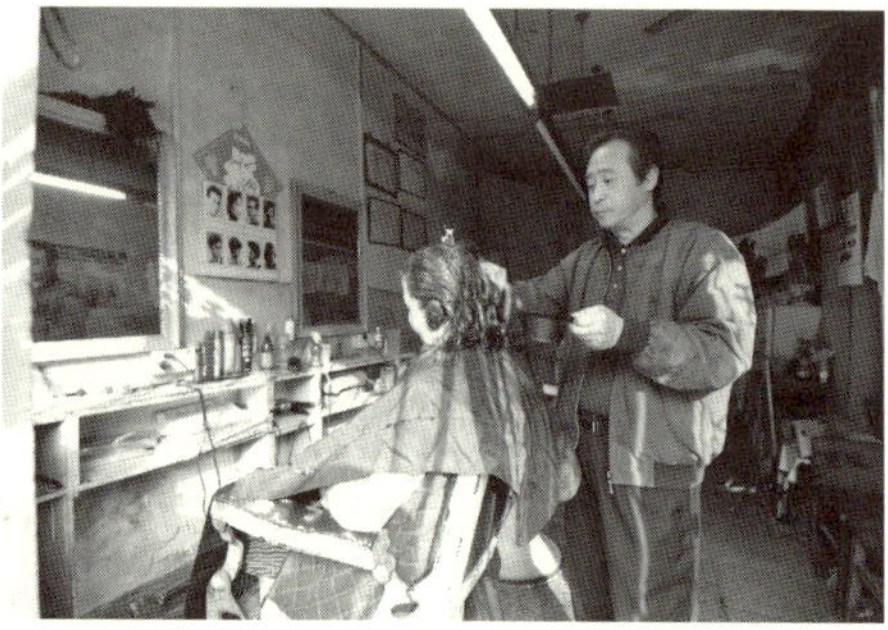
◉雲風理髪館の田さん

北京っ子はよく、平屋に住んでいると「地気」が受けられると言う。どこか霊的な響きをもつこの「地気」とは、地面からもらうある種の力のことだ。一種の湿気なども指す言葉だが、私はこの言葉によく、その土地が累積してきた歴史や伝統を重ね合わせる。

ある夏の日、取り壊しがかなり進み、ほとんど廃墟同然となっていた米市胡同（地図D）を通ると、田さんというおじさんが独りで理髪店を営んでいた。田さんのおじいさんがこの「雲風理髪館」を開業したのは一九三三年のことだった。その後いったん国営化時代に入るが、一九八九年に元の場所で再開したという。

立ち退きによって客が激減した後も、田さんはいつも通り、朝九時に店を開け、晩の八時に店を閉めていた。いでたちも胡同の床屋としてはめずらしくきっちりとしたもので、まだ暑い夏なのに、長ズボンに革靴というスタイルだ。

店には年季の入った理髪用の椅子があり、八〇代くらいのおじいさんが髭を剃っていた。六〇年ほど前に天津で作られたというこの椅子は、立ち退きの期限が来たら首都博物館に収蔵されるという。

五カ月後の二〇一三年冬にもう一度訪れると、店はもう跡形もなく消えていた。私はふと思った。床にしっかりと固定され、「地気」をたっぷりと吸っていたあの椅子には、いったい全部で何人の人が座ったのだろうか、と。

◉雲風理髪館の内部

中庭が魅力の四合院

私が胡同で出会った人たちの大半は胡同で生まれ育ち、胡同とは何かをその人生そのもので体現してきた人たちだ。だが、ひとたび立ち退きを求められると、その多くが、声も上げずに去っていった。新中国成立以後の粛清や思想統制の嵐の中で、体制に逆らって、自分の意志を貫くことが、どんな結果をもたらし得るかを、身をもって体験してきた世代だからかもしれない。

だが中には、強く信念を貫き、自分が心から懐かしむ四合院に戻ろうとした人もいる。七七歳(二〇一三年時点)の馬秀明さんだ。「生まれ育った伝統ある四合院を守り、そこでふたたび暮らしたい」。ただそれだけを願った馬さんは、あらゆる手をつくし、ときには体まで張って、半世紀を粘り抜いた。

馬さんが守ろうとした「四合院」とは、北京の胡同の両側に並ぶ伝統的な民家のことだ。中庭を囲んで、東西南北に四つの棟が並んだものを一ユニットとし、それが財力や地位に応じて南北にいくつか連なっている。その規模は「進院」を単位として表され、例えば、中庭が南北に二つ並ぶ屋敷は「両進院」、三つなら「三進院」だ。地位や財力のある者であれば、「五進院」の大屋敷に住むこともあった。

木の骨組にレンガや漆喰で壁が加えられた四つの棟は、それぞれ母屋が「正房」、東の棟が「東廂房」、西が「西廂房」、南が「倒座房」と呼ばれている。高級な屋敷だと部屋同士はしばしば回廊で結ばれている。正房には一番年配の世代、東廂、西廂にはそれぞれその長男や次男の一家、正房の後ろの建物には娘たちといった調子で、世代ごとに棟を分けて住む場合が多かったらしい。

　胡同から屋敷に入る時の門はランクやスタイルによって柱や門扉の位置などが異なり、たいてい目隠し壁がある。門は屋敷の「顔」なので、装飾も念入りだ。両脇に石の置物があったり、上にレンガ彫刻があったりするので、それらを門ごとに見比べると面白い。

　昔の標準的な四合院であれば、たいてい最初の中庭は来訪者が待機したり召使いたちなどが暮らしたりする場所だ。そこから「垂花門」と呼ばれる門をくぐった先、つまり二番目の四合院からが、主人一家の私的空間となる。もっとも、経済的な事情などから、一つのユニットに複数の家族が雑居する場合も多く、そのような四合院は「大雑院《ダーザーユァン》」と呼ばれている。四合院が大雑院化する傾向は家屋の没収と再分配が進んだ新中国の成立以降はとても顕著で、胡同に新たな生活スタイルが広まるきっかけになった。

◉四合院の正房と東廂房、西廂房

　そもそも四合院は、胡同に代々住んできた北京っ子にとって、単なる生活の場であるだけでなく、美的センスや人間関係も育んできた空間だ。とくに中庭は、まさに屋内と屋外の中間のような性質をもつマルチスペース。住人たちはここで動植物を育てながら、季節の移り変わりを感じることができる。客と語り合うのにはもちろん、京劇などの趣味にいそしんだり、本を読んだり、子供を自由に遊ばせたり、星空を眺めたりするのにもふさわしい。

馬秀明さんも、そんな古き良き昔ながらの四合院で生まれ育っていた。

突然家を追われる

私が馬さんと出会ったのは、二〇一三年の九月に開かれた興味深い報告会でのことだった。主催は文化財の保護を趣旨として活動している北京のNGO組織、北京文化遺産保護センター。以下は馬さんがその日語ってくれた内容を抜粋、整理したものだ。

馬さんは、かつて紫禁城を囲んだ「皇城」内に位置する、北河沿大街（地図B）の四合院で生まれ育った。当時はまだ近所には小川が流れ、両岸には芙蓉の木が植えられていたという。

解放当時の都心の人口密度も今よりずっと低く、かりに雑居状態の四合院でも、一つの敷地に二、三家族が住む程度だった。つまり、当時の北河沿大街では、自然と人の暮らしが調和した、理想的な住環境が保たれていた。

一九四九年以降、個人の不動産は徐々に公有化されていった。やがて一九五八年には、国が個人に代わってその家屋を経営管理し、個人に貸し出す形の「経租房」が普及する。一九六六年に文革が始まると、公有化はさらに進み、紅衛兵が跋扈する中、馬さんの家も三日以内の明け渡しを命ぜられた。当時の政治的基準によって、「出身が悪い」とされたからだった。

財産を没収され、着の身着のままで家を出た馬さんは、職場に寝泊まりすることを余儀なくされる。新中国にはかつて、結婚すると住宅が分配される制度があり、馬さんも一九六三年に結婚していたが、事情により、まだ家は分配されていなかった。やがて夫婦は職場が馬さんの夫に分配した北京大学内の単身男性用宿舎に住むことになったが、トイレが共用だったため、馬さんは夜、用を足すのもままならなかったという。

文革終了後の八四年、景山の不動産管理所を通じ、馬さんに北河沿の家の財産権が返還されることになった。だがそれには、公証を行った上、不動産管理所がそれまで負担していた維持と修理の費用から、本来得られるべきだった家賃を差し引いた金額、七六八元を支払わねばならなかった。馬さんの給料がひと月七五元だった時代のことだ。しかもすでに、北河沿の家は他の住民で占められており、借家人となる彼らとは、以下のような取り決めをすることが強いられた。それは、家賃値上げの禁止、家屋の修繕の責任は馬さんが負うこと、住民を追い出すことの禁止、だ。つまり馬さんは、追い出された自宅にふたたび戻りたいだけなのに、巨額の金を払わねばならず、家屋の修繕を義務付けられながらも、自分は当面その家に住めないという不条理を受け入れねばならなかった。これでは、かりに親戚から借金をして何とか権利を取り戻したとしても、低い家賃収入に甘んじつつ、返済のプレッシャーに耐えなければならない。

取り返したはよいものの

だが果敢にも、馬さんは大金を払い、家の所有権を取り戻した。いわば、売り払ってもいない家を買い戻したような形だ。馬さんの背中を後押ししたのは、文革中に味わった「帰る家がない」というつらさだった。だが、せっかく手に入れた家は、馬さんの期待を見事に裏切った。かつては整然とし、温かみのあった生家はすでにボロボロで、違法な建て増しも目立ち、馬さんの心を凍りつかせた。きちんと考慮されていた風水も、壊滅的な影響を受けていた。

さらに馬さんの頭を悩ませたのは、七世帯あった借家人が、いずれも家賃を払いたがらなかったことだ。彼らを強制的に立ち退かせることは禁じられており、かといって、居住権を手に入れようとしても、不動産管理局はそれに応じない。馬さんは自分が大きな負担を背負ってしまったことを実感した。

やがて、さらなる不運が馬さんを襲った。馬さんの敷地を含む北河沿一帯の四合院を取り壊す計画が明るみに出たのだ。隣接する敷地では、文革中にビルが建てられていた。今回の取り壊し

◉馬さんの家があった一帯、高級住宅地の予定地に

は、その隣りにもビルを建てるためのスペースを確保するためだった。すでに伝統的な景観は崩れているのだから、その周辺だって崩しても大丈夫だろう、というロジックだ。六階建ての建物を建設するというそのプランは、すでに区や市の規画委員会の許可を得ており、当時の市長、陳希同の許可を待つだけとなっていた。

だが実は、該当するエリアは本来、明清時代の伝統的な建物の保護が義務付けられ、建物の高さ制限も厳しいはずの地区だった。有名な建築学者の侯仁之《ホウレンジー》氏も一帯の四合院の取り壊しには激しく反対していた。馬さんは人民代表大会の代表、政治協商会議、文物局、都市計画局などを次々と訪ね、計画の撤回と高さ制限の適用を求めた。

だが、訴えは聞き入れられず、一九九二年、とうとう危険家屋であることを理由に、馬さんの所有する家は取り壊されてしまう。提示された補償金の額はたったの二万元（日本円で当時四四万円前後）。しかも、長年の居住権争いが裏目に出て、補償をめぐる話し合い、ひいては日時の予告さえないまま、馬家の歴史ある四合院は「見せしめ」的に、いの一番に取り壊されたのだった。同じ頃、近所の一〇〇本もの古樹も、夜中に無断でこっそり切られてしまった。そこで馬さんは、中央紀律検査委員会に、一〇〇本の古樹が許可なく切られた件、建物の取り壊しが所有権の侵害であること、そして、保護地区にビルを建てることの違法性を訴えた。

馬さんは、中国で「民主党派」の一つとされ、知識人をおもな支持基盤とする九三学社に属していた。九三学社の成員にも共産党の政策の擁護は義務付けられていたものの、特殊な存在ゆえ、学社の成員の主張はそれなりに重んじられる傾向があった。そこで馬さんは学社を通じ、人民代表大会の代表にも働きかけるが、デヴェロッパーが態度を変えるまでには至らなかった。それでも馬さんは自らの家に住む権利と、断りもなく家屋を取り壊したことへの謝罪を求め続け、金銭的な賠償だけを提示する和解案には応じなかった。

他のあらゆる方策が無駄だと知ると、馬さんはそれまで「効果は望めない」と敬遠していた司法制度、つまり裁判を通じて訴える手段を取った。だが、何度足を運んでも、起訴の条件を満たさないとして、相手にしてもらえない。陳情を繰り返し、最終的には国の最高裁判所にも通うが、一度もきちんとした回答は得られなかった。

それでも馬さんは、集められるだけの関連文書や証拠を集め、自らの権利を主張し続けた。土地の使用権の証明を試み、さらには、開発側の会社の性質も調べ、その海外との合弁という肩書が嘘であること、そして会社に再開発をめぐるトラブルを片付ける義務があることを突き止めた。また、最後の切り札として、国内外のメディアへの露出も怠らなかった。だがそこまでしても、基本的な情況は変わらなかった。

最後は「居座り」で対抗

二〇一一年四月、万策つきた馬さんはより直接的な行動に出た。持ち家のあった敷地はすでに番地のプレートが取り払われ、更地となっていたが、そこに無理やり門を作り、番地を表示したのだ。やがてデヴェロッパー側がそれを壊すと、また懲りずに同じものを作った。これではイタチごっこだと感じた馬さんは、次に同じ問題を抱える隣人たちとともに、現場での居座りを開始。その長さは二一日間に及んだ。馬さんの境遇に同情したり、同じ問題を抱えたりしている支持者が、二〇〇人から三〇〇人ほど集まり、その場は不動産の権利の保護をめぐる、ちょっとした情報交換の場になった。やがて公道の占拠を理由に追い払われるが、それでもひるまず、馬さんたちは敷地をかこっていた壁を倒し、土に埋もれていた家の土台を自らの手で掘り起した。見知らぬ人が次々と援助の手を差し伸べてくれ、物乞いまでが励ましてくれたことに、馬さんは感動した。

まさに体を張った抵抗だった。馬さんを支持していた高齢者の中には、倒れて救急車で病院に運ばれた人もいた。だが一方の行政側も強硬な手段に出る。道路工事を装って道路の両端を通行止めにすると、夜中の二時、暗闇にまぎれて取り締まりを強行。都市の秩序維持を任務とする城管や公安など、複数の職責の者が送りこまれた。敷地はやがてふたたび塀で囲われ、その塀には「和諧（調和、協調）」の二文字が並んだ。だが言葉の意味とは裏腹に、塀の上には監視カメラが設置された。

馬さんはさらに区の委員会書記に書簡で働きかけるなどの努力を続けたが、満足な結果は得られなかった。争いの過程で馬さんは強い憤りを覚えた。デヴェロッパーがいかに暴利をむさぼっているか、不動産管理局がなぜこれほどデヴェロッパーを制御できないのか。民間では不可能なはずの、容積率や古都の景観をめぐる都市計画関連の法規を無視した開発が、なぜデヴェロッパーには可能なのか。馬さんはふたたび陳情を始め、「この問題は民衆が監督をしている」と訴えた。

そんな曲折を経て、開発側はやっと、元の敷地に擬古的四合院を建て、馬さんへの補償とする、という解決案を示した。父母から受け継いだ本来の四合院を取り戻すことはすでに不可能だったため、馬さんはその案を受け入れた。四合院の伝統的な景観は回復されること、かつて住んでいた敷地に戻れることを慰めに、「家」をめぐる馬さんの半世紀にわたる葛藤は終わりを告げた。

語り、学び、励まし合う

印象的なのは、馬さんの人生体験の中に住宅の没収、分配、払い下げ、破壊、弁償などの形で、解放後の北京の住宅政策の混乱がすべて凝縮されていたことだ。

北河沿大街沿いの広い空き地を見ると、やはり歴史の余韻を伝える四合院が消えたことは残念だ。だが馬さんの例から励まされるのは、現在の中国では、

◉奪還運動の時の写真をもつ馬秀明さん

解放以来の個人の不動産の権利を回復し、守ることが、簡単ではないまでも不可能ではなくなっている、という事実だ。

報告会には馬さんの経験に学ぼうと考えた者が多数集まっていたが、その大半が、否応ない再開発計画によって権利の侵害に直面していた四合院の家主たちだった。馬さんは七七歳という年齢をまったく感じさせない力強い声で彼らに実用的なノウハウを伝授しつつ、一緒に古都の景観と四合院に住む権利を守っていこう、と励ましていた。

だが、こういった報告会は、その意義の高さにも関わらず、開かれる機会は極めて稀だ。報告者はもちろん、主催者、会場提供者、ひいては聴衆までもが、文字通り「度胸」と「覚悟」を強いられるからだ。こういった集まりではたいてい、聴衆の中に私服警官が何人も紛れ込み、会場の外に覆面パトカーが配置される。何か問題ある発言や行動があれば、すぐに当事者の身柄を拘束できるように、だ。予防線を張られることも少なくなく、馬さんの報告会でも、予定されていたもう一人の報告者について、きわめて婉曲的な表現で「事情により、郊外へ行かされた」と説明していた。

正直なところ、北京の伝統的景観の破壊を前にして、北京の人たちがあまりに無力であることに、虚しさ、寂しさを覚えることは少なくない。だが、盛況で終わった馬さんの報告会は、北京の庶民の中にも伝統ある胡同と四合院を愛し、力の限り守ろうとしている人たちは確実に存在していることを、はっきりと物語っている。

第2章 伝統的な景観と住環境

1 時を止めた鐘楼

ふたたび胡同へ

草廠七条での胡同生活を、「地元の警察に追い払われる」という形で終えた私は、さすがにしばらく胡同生活は控え、鼓楼の北にあるアパートを間借りしながら、次の機会をうかがった。つねに三、四人の同居人と大家さんがいて、しばしば一緒におしゃべりし、夕食までともにするという暮らしもさまざまなドラマに満ちていて楽しくはあったが、一度胡同暮らしの刺激に慣れてしまった身には、やはりどこか物足りなかった。やがてある知人から、破格の安さで後馬廠胡同の部屋を貸し出している人がいる、と聞くと、私は飛びついた。ちょうどフリーランスになろうとしていた時期で、とにかく安い部屋に住みたかった。

後馬廠胡同は鼓楼の西側を南北に走る旧鼓楼大街の西側にある。当時の旧鼓楼大街はまだ拡幅される前で、昔ながらの商店街がもつ安定した底力があった。ただ繁華なだけでなく、通りの東と西を行ったり来たりしながら果物やら薬やら新聞やらが買え、安食堂で腹ごしらえまでできる親しみやすさも魅力だった。だがその良さは行政側には伝わらなかったらしい。私が引っ越した直後に無意味な拡幅工事が始まり、その風景はがらりと変わってしまった。

現在、鐘楼と鼓楼（地図B・E）は旧鼓楼大街より東の地安門大街の北端に位置している。だが元の時代、鼓楼は現在の旧鼓楼大街の南口に、鐘楼は北口にあった。今の北京は元代には「大都」と呼ばれていたが、鐘鼓楼周辺はその大都の三大繁華街の一つだったという。かつてこの通りに充満していた商賈《しょうこ》の活気に、どこか遠い記憶が蘇るような懐かしさを覚えたのも、七〇〇年にわたる時間の蓄積ゆえだろうか。

だが拡幅工事は歴史ある道の構造と古い建物と庶民たちの暮らしを押しつぶしながら容赦なく進み、結果的には、T字路の「T」の下の棒だけが拡幅され、曲がった後に続く鼓楼西大街は狭い道のままとなった。賢明な反対運動のため、鼓楼西大街の拡幅工事が中止になったからだといわれている。当然のことながら、拡幅工事後、道の渋滞はさらに悪化。一方で広すぎる道は商店街には不向きになってしまったため、街全体が精彩を失い、寂れた。その後、ある程度の賑わいは戻ったものの、拡幅された旧鼓楼大街の路肩は二、三列の不法駐車で埋まり、駐車場さながらとなった。この誰の目にもバカバカしく映る拡幅工事の失敗の責任を誰がとったのかは、耳にしていない。恐らく、この道路が東城区と西城区のちょうど境にあったため、責任も今後の計画も

◉鐘楼

すべてが曖昧なまま終わったのだろう。

孝行娘の哀しい最期

「晨鐘暮鼓《チェンゾンムーグー》」という言葉がある。庶民が時計など持っていなかったその昔、朝から晩まで一定の間隔で代わる代わる太鼓や鐘を奏《かな》でた鼓楼と鐘楼は、「音の時計台」として、街の時間を刻んでいた。それゆえに古都、北京で流れてきた時間について考える時、もっとも重要なシンボルとして心に浮かぶのが、鼓楼と鐘楼だ。

とりわけ、大通りから少し離れた所にある鐘楼は面白い。近所の住民が放つ鳩の群れが青空の下、鐘楼の周りを飛んでいるのを眺めるのはとても爽快だ。鳩につけられた笛がヴォーンという音を響かせていれば、なおさら情緒がある。太古の昔からそこにあるような顔をしている鐘楼だが、実際は清の乾隆帝の時代、つまり約二七〇年前に建てられたものらしい。端正な朱塗りの柱の鼓楼より親しみを感じるのは、ちょっととぼけたような、呑気な面持ちからだろうか。

だが実はこの鐘楼をめぐっては、哀しい伝説が語り継がれている。

最初、この鐘楼には鉄の鐘がかかっていた。だが、鉄の鐘の響きが気に入らなかった時の皇帝は、ただちに新しく銅の鐘を造るよう命じた。期限に間に合わなければ職人たちの首をはねるという。鐘職人のかしらは凄腕で知られていたが、期限が迫っても、銅はなぜかうまく鐘の形に鋳上がらない。とうとう最後の日が来てしまい、心を痛めたかしらの娘は、意をけっして溶かされた銅の中に飛び込んだ。すると銅の色が変わり、見事に銅鐘が固まった。娘が炉に飛び込む時、かしらは引きとめようと駆け寄ったが、手には娘の刺繍靴しか残らなかった。鋳上がった鐘を打つと、靴を意味する「鞋《シェ》、鞋《シェ》」という音がしたため、人々はこれを、娘が靴を探しているのだと言い伝え、鐘の鋳造場の跡に広大な「娘娘廟」を建てて、娘を鋳鐘娘娘として祀った。

伝説には、バージョンによって細かい点に差がある上、これは大鐘寺の鐘にまつわる伝説だ、とする

◉北京の鐘楼の鐘

文献もある。その真否はともかく、北京っ子たちの多くは、これを鐘楼の鐘の伝説と信じて疑わない。それも無理のないことで、鐘楼の周りには伝説のイメージを膨らませるのに十分な地名が残っている。旧鼓楼大街の西にある今の鋳鐘胡同の一帯、かつて「鋳鐘廠」（地図E）と呼ばれていたエリアだ。

ある日、この鋳鐘廠付近で鐘の鋳造にまつわる場所を探していると、ここで生まれ育ち、半世紀近くをこの胡同で過ごしたという王さんに出会った。王さんは昔、この胡同で鐘の鋳型を見たことがあるという。当時、鋳型には直径二メートルほどの円形の石の蓋が被せられており、間に穴があったので、子供同士でよく潜って遊んだらしい。だがその後、鋳型も蓋も土の中に埋められてしまった。王さんによれば、かつては鋳鐘娘娘が祀られていた娘娘廟の一部も民家の形で残っていたが、一九七〇年代に取り壊されたという。その跡に建てられたのは、何と公衆トイレ。王さんは、トイレの横の少し土が盛り上がった場所を指し、「あの壁の下に今も鋳型があるはずだ」と語った。すぐそばに、いかにも「きれいに片づけました」という風に掃除用のモップが干されていて、鐘職人のかしらが見たら苦笑いしそうだった。

さらにかしらにとって皮肉なのは、時が経つに従い、鋳鐘娘娘の伝説は親孝行を称える美談というより、怪談としての色合いを強くしたことだ。かつて子供たちは、晩の七時頃に鐘楼の鐘が鳴らされると、「ほら、鋳鐘娘娘が靴を探しにきたよ、早く寝なさい」と親に脅かされながら眠りについたという。

崩れる壁は見ないふり

実は私自身も「鐘」とはちょっとした縁があった。当時私が住んでいた後馬廠胡同は鋳鐘胡同のすぐ北にあった上、下宿した部屋を含む四合院は、もともとは西太后が寵愛した鐘職人のかしらの屋敷だった、とまことしやかに噂されていたからだ。

だが、さまざまな史料を見比べるうち、どうもおかしい、と気づいた。本当のところ、ここに住んでいたとみなが主張する鐘楊《ジョンヤン》家の「鐘楊」とは、「鐘づくりの楊」ではなく、「鐘楊」で一つの姓で、清代の内務府の高官の名前だったらしい。その屋敷は広大で、芝居の舞台やあずまや、花壇なども備えていたという。

だが屋敷は解放後に細分化され、私の住んでいた頃には数十世帯が雑居する超大型「大雑院《ダーザーユアン》」と化していた。表門から部屋にたどり着くまでの道は細く、長く、迷宮のように入り組んでいて、初めての訪問者は四回くらい通らないと道順を覚えられなかった。ちょっとした街、あるいは外敵から身を守るための

◉鋳鐘胡同

堡塁《ほうるい》のようでさえあった。歴史をたどればそれも当然で、かつては鐘楊家の下男や乳母や車夫たちが群れをなしてここに住んでいたらしい。

とはいえ、私自身の暮らしは鐘楊家のかつての羽振りの良さとはひどく対照的だった。後馬廠での暮らしは「寒かった」の一言に尽きる。まだ蓄熱型電気暖房が普及する前だったが、大家さんは一酸化炭素中毒を恐れて、私たちに練炭ストーブを使わせてくれなかった。しかも近くに銭湯がないため、冬でも隙間風だらけの小屋でシャワーを浴びねばならなかった。築一〇〇年以上の古い家は、補修などされず、風化の真っ最中にあったので、壁の漆喰が恐ろしい速度で落ちてくる。補修しようにも、費用を見積もってもらうと一万元以上（当時、一元＝約一三円）。私は巨大な布で覆い、崩れる壁など「見えないこと」にした。

結局、後馬廠胡同での生活も、突然追い出されるという形で終わった。部屋は公的機関が管理、所有する「公房」だったが、所有権を主張する機関が大家さんの所属していた機関の他にもう一つあり、両者の争いに巻き込まれたからだ。

しかしその後移った景陽胡同と呼ばれる胡同も、実は鐘楼からは近かった。私は鐘楼にある種の引力のようなものを感じていた。

鼓楼地下に駐車場？

明の永楽帝の時代に現在の場所に移された鐘楼と鼓楼は、二つ合わせて「鐘鼓楼」と呼ばれ、

◉前海から見た鼓楼と鐘楼

民国期以降も観光地として、また庶民の日々の生活に憩いや潤いをもたらす場として、北京の重要な遺産であり続けてきた。ある史書によれば、民国期、鼓楼には図書館が設けられ、鐘楼の上では映画が上映されたという。また、鐘楼と鼓楼の間は娯楽用スペースや児童用グラウンドとして使われていた。改革開放政策の実施後は、同じ場所に飲食店の屋台が並んだが、その後屋台は撤去され、観光地として整備された。

ところが二〇一〇年のはじめ、耳を疑うニュースが伝わってきた。鐘鼓楼の周辺の地区に、広さ一二万五〇〇〇平方メートルにわたる「鐘鼓楼時間文化城」と呼ばれる観光エリアが建設される予定だというのだ。投資額は五〇億元（六〇〇億円程度）。鼓楼と鐘楼の間に博物館や商業スペース、および駐車場を兼ねた地下空間を作り、附近の胡同の平屋も一律に前門のような擬古四合院に変えてしまおう、という恐ろしい内容だ。周辺の胡同も広い範囲にわたって取り壊されるという。さすがにプロジェクトの中止を求める声が高まり、住民や有識者の参加する討論会も企画された。私もぜひ参加しようと意気込んでいたが、直前に会そのものがなぜか中止に追い込まれ、やきもきした。二〇一〇年秋、最終的に開発計画が棚上げになったという知らせが入った時は、ほっと胸をなでおろした。

棚上げの措置に至ったのは、表向きは鐘楼と鼓楼のある東城区とその南の崇文区が合併されたことを、都市計画にも生かそうと考えたことがきっかけだといわれている。鐘鼓楼地区と旧崇文区に位置する天壇公園がいずれも北京の都心部を南北に走る中軸線上にあることから、両者を一体として扱い、統一的な開発を行おうという動きが出たのだ。そこで、これを好機とみた文化財保護の関係者が、計画の中止を強く訴えたのだった。もっとも、最終的に一番功を奏したのは、欧米系の某メディアによるプロジェクトへの辛辣な批判だという見方もある。

とはいえ、行政側も抜いた刀を完全に鞘に戻すことはできなかったとみえ、二〇一〇年一二月には本来の計画を縮小したバージョンとしての「鐘鼓楼・北京時間博物館」の建設に着手、二〇一一年には鐘楼と鼓楼の間の広場を整備すると発表した。だが二〇一四年現在、そのいずれも完成はしていない。

何はともあれ、旧計画が中止されたことにより、最悪の結果は免れたわけで、ひとまず、文化財保護関係者の多くは、ほっと胸をなでおろした。だがそれはつかの間の安堵に過ぎなかった。

中軸路を文化遺産に

そもそも、鐘鼓楼の一帯の商業開発は政府が何年も前から虎視眈々と狙っていたことだった。友人の属するあるNGO団体が、この地区の四合院を対象に「住民を追い出さないままの四合院の修復」を趣旨としたプロジェクトの実施を試みたところ、政府側が「修復後の建物は商業目的に使いたい」として譲らず、成功しなかったという。

また、鐘鼓楼が北京の中軸線上に位置していることも、この一帯の開発が重要案件とならざるを得ない大きな理由だ。二〇一一年の一月一六日、北京市委員会書記の劉淇《リウチー》が、北京の中軸線を世界文化遺産として申請する決意を明らかにした。この公表は、今後、中軸線周辺に大きな変化がもたらされることを予感させるものだった。

中軸線とは元代に由来し、今も継承されている、北京の都心を貫く対象軸だ。かつて城壁に囲まれていた北京の旧城内の中央を南北に走っており、北京の主な建築物の多くがこの線上かその両脇に位置している。具体的には、南は復元された永定門に始まり、前門、天安門、午門、故宮の主要な建物を経て、景山公園に至った後、さらにずっと北上して、鳥の巣スタジアムや水立方《ウォーターキューブ》（北京国家水泳センター）で知られるオリンピック公園に至る。

ただ、中軸路上の文化財の修復と保護に重点を置くことを政府が誓ったからといって、その後

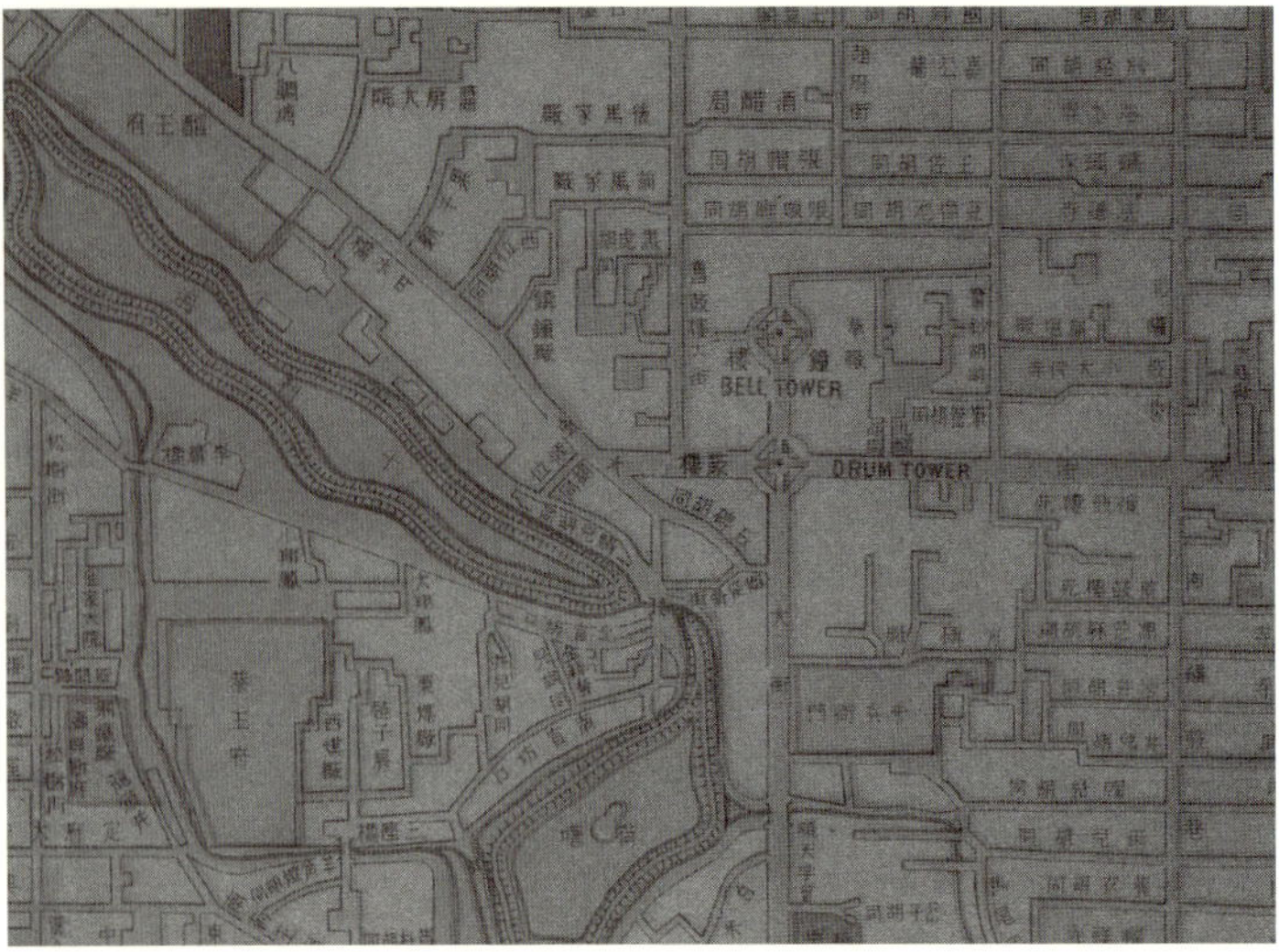

◉鐘楼と鼓楼。「大街」と「荷塘」（前海）の接点にあるのは永寧橋

の開発が慎重で、専門家や一般の民衆の意見をきちんと反映したものとなるかについては、不安を抱かざるを得なかった。

例えばちょうどこの頃、鼓楼前にあった並木が、地下鉄駅の建設のために予告なく何本も切られてしまった。切り株はすぐに取り除かれてしまったので、近くの住民でない限り、いつ木が切られたのか、ひいてはかつてそこに木があったこと自体に気付かなかったかもしれない。

だが実はこの変化は、緑化の問題だけでなく、景観の問題とも関わりがあった。鼓楼から中軸線上を南に延びる地安門外大街上に、明代から伝わる永寧橋（通称「後門橋」）がある。かつてはその橋の上から鼓楼を眺めると赤い柱が緑の葉にふちどられ、爽やかな趣きがあった。だが、巨大な木が何本も切られたことにより、同地点から見た鼓楼は丸裸寸前になってしまった。

寝耳に水のプロジェクト再開

忍びよる開発の魔の手は、鐘鼓楼一帯へのリベンジも怠らなかった。

二〇一二年一二月、別の用でしばらく北京を離れていた間に、おぞましい破壊的プロジェクトが再開されていた。鐘楼と鼓楼を囲む一帯に、とうとう「鐘鼓楼広場の回復と整備」を口実とした、立ち退きと取り壊しのメスが入ったのだ。

慌てて現場に駆けつけると、すでに一帯では、立ち退きに関するビラがあちこちに貼られていた。その範囲は、鐘楼と鼓楼の間の鐘楼湾胡同や豆腐池胡同、および湯公胡同、鐘庫胡同、草廠北巷など七〇の番地に及んでいる。しかもこれ以外に、一二六番地分の「隣接地区」の住民にも、強制的ではないものの、生活改善のための立ち退きが勧告されていた。一つの番地には通常複数、多くて何十単位の世帯が住んでいることもあるため、強制的な立ち退きだけでも五〇〇世帯に及ぶという報道はけっして誇張で

◉巨大な「拆」の字が書かれている取り壊し中の古民家。和平巷にて

はないようだ。

だが奇妙かつ意外なことに、どこにも「拆遷（取り壊しと立ち退き）」の文字はなく、「搬遷（立ち退き）」としか記されていなかった。通常なら、壁には家屋を取り壊すにあたっての「拆遷公告」や「拆遷管理弁法（弁法は規則のこと）」などのビラが貼りだされるはずなのだが、いずれも目に入らない。取り壊し予定の建物の壁に通常書かれる巨大な「拆」の字、人権を無視するものとして批判され、一時期は消えたものの、その後続々と復活した忌まわしい文字も見当たらない。

私はそこに、今回のプロジェクトの巧みさを感じた。住民が立ち退かねばならないのは、建物を取り壊す必要があるからに他ならない。にも関わらず、「拆遷」という言葉を避けているのは、今回のプロジェクトがあくまで整備であり、破壊ではないことをアピールするためだ。立ち退きを拒む住民への脅迫行為で悪名高い「拆遷弁公室（立ち退きと取り壊しの問題を扱う事務所）」も、表向きは影をひそめており、ここで目立つのは、補償として立ち退きに同意した者に市場価値より安価で提供される住宅「安置房《アンジーファン》」をあっせんする部屋のみ。外国人も多く集まる観光地、そして二年前に開発プロジェクトが挫折した前例をもつエリアならではの、さすがの配慮だといえる。

もっとも、取り壊すぞ、という雰囲気づくりのためだろうか。住民には目立つが、観光客はそれほど訪れない一角にある一軒だけが、まるで「サンプル」のように取り壊されていた。

失敗をふまえての奇襲

そもそもプロジェクトの復活は、北京の文化財に関心を持つ人々にとっても、かなり唐突だったようだ。前回、大規模な地下開発を含む「時間広場」のプロジェクトが中止を余儀なくされたことを受け、今回は個別メディアの取材を一切受け付けないまま再スタートしたという。さすがに形の上では住民の意見を募り、プロジェクト開始にあたっては、記者会見も開かれたらしい。だが、一般の市民も参加できるような公開の場での討論は行われず、文化財の保護活動に携わるＮＧＯ組織、北京文化遺産保護センター（ＣＨＰ）のスタッフが熱心に交渉を繰り返しただけだという。

詳細を知るべく、私もさっそく、安置房をあっせんする部屋に入ってみた。提供される部屋の簡単な見取り図こそ並んでいるが、周辺の環境をめぐる情報は極めて少ない。部屋を選び終わったことを示す赤いシールもまだほとんど貼られていなかった。立ち退きの契約を積極的に結んだ住民について報道した新聞記事のコピーだけが、白々しく入口で目立っていた。

部屋の中にいた人に、「ここ一帯で行われるプロジェクトの完成予想図などはないのですか？」と聞くと、「ない」とのこと。「では、立ち退いた後はどうなるんですか」との問いにも、ただ「広場を広げて、芝生にするのさ」としか答えてくれない。外で道行く人にも何度か同じ質問をしたが、同じ答えか、憶測に基づく「擬古調の建物にするんじゃないの？」といったものしか得られなかった。

その後、関連報道を逐一見た結果、やっとおぼろげに真相が分かった。関係者の答えが曖昧なのも当然で、プランはまだ「練っている最中」なのだ。プランが確定されていないのに、「実施」だけは先に決め、商業目的の開発ではないことを理由に、安い補償金で先に住民を追い出してしまう。北京オリンピック前の鮮魚口周辺でも、同様の手順で破壊的プロジェクトが強行されたが、その時の教訓は、全然生かされていないことを痛感した。

「景観回復」を口実に

そんな情況ゆえ、前回のプロジェクトで代替案（縮小案）として鼓楼の東南部に建てられることになった北京時間博物館と今回のプロジェクトとの関連性についても、一定の説明はなかった。ただ、関係者が一度ならず強調していたのは、鐘楼と鼓楼の間の広場の拡幅による、「明清時代の景観の回復」だ。

これではまるで、「北京は明清時代は首都だったが、民国期以降は存在していないも同然」とでも言いたいかのようだ。そもそも近年、政府寄りの文化財関係者は「明清時代の風貌の復興」に実に熱心だ。解放後にとり壊された永定門をあえて復元し、清末には単なる排水路になっていた運河を「玉河」として掘り起こしたのは、その例の一部にすぎない。それらのプロジェクトの文化財保護という意味での意義はさておき、いずれのケースにおいても例外なく発生したのは、北京っ子を主体とする「庶民」およびその「庶民文化」、そして民国期以降の建設行為の痕跡の抹消だった。

確かに、ある程度の伝統的景観の統一は、観光都市北京にとっては生命線でもあるのだろう。だが、都市とはある特定の時代にすべてが完成されるのではなく、各時代の建設行為の積み重ね、そして美意識の移り変わりなどに影響されながら、有機的に成長していくべきものだ。そのプロセスを無視し、強引に明清時代の街並みだけを擬古調の建物や装飾によって「偽造」することに、どれだけの意義があるのだろうか。北京の良識ある文化財保護関係者が、この種の復古調崇拝を「自信のなさの表れ」として批判するのも無理はない。

立ち退きを進める政府関係者は、清末以降、人々が勝手に家屋を建て増ししたため、景観が大いに破壊されており、それを回復させるのが今回のプロジェクトの主旨だと主張する。だが、中国新聞社に投稿された記事で行われている綿密な分析によると、実際は清末以降に建て増しされた部分は全体のほんの一部と推測されるらしい。本記事はその事実を踏まえ、現在の街並みを取り壊すことの意義に大きな疑問を呈している。清の全盛期である乾隆帝時代の地図と現在の地図を見比べた結果、私自身もまったく同じ印象を抱いた。

そんなに明清がいいなら、いっそのこと皇帝や王朝まで復活したらどうだ、とブラックユーモアを言いたくなるところだが、政府側には、文化大革命中に封建王朝時代の無数の文物を取り壊してしまったことに対し、「繕っておかねば」という意識も働いてしまうのだろう。もちろん、「壊した文化財を元に戻す」なんてことはそもそも不可能なのだが。

◉鐘楼の北側にある鐘楼広場

いずれにせよ古来、時間を告げ続けてきた鐘楼、鼓楼の下で、時間を止めようとするプロジェクトが進行するというのは、歴史の皮肉だ。鐘楼、鼓楼が役目を終えた時点で、この一帯の時間も止まってしまったのだよ、とアピールしたいのだろうか。再開されたプロジェクトをめぐって感じた唯一の救いは、前回のプロジェクトとは異なり、「地下スペースの開発は一切行わない」と断言している点だった。

生活条件の向上も言い訳？

立ち退き歓迎派は、こう主張する。「文化財保護を訴え、取り壊しに反対する人たちの多くは、自身は平屋に住んでいない。平屋の住環境のひどさを知らないから、気楽に取り壊し反対などと言えるのだ」と。

しかし、そもそも生活条件の向上と文化財の保護はそこまで矛盾する概念ではないし、少なくともこのプロジェクトに関しては、この主張は説得力がない。なぜなら、鐘鼓楼地区の平屋は、北京でも一平方メートルあたりの単価が非常に高い区域だからだ。今回、取り壊しの際の補償額を決めるため、「独立、客観、公正、科学的」を標榜する土地評価事務所によって決定された基準価格は一平方メートルあたり四四三六一元（約六二万円）。これは当時の市場価格のおよそ四分の三強に過ぎない。しかも市の中心部の平屋物件は年々減りつつあり、完全に売り手市場。もし、住環境を改善したいなら、取り壊しの通知が来る前に売り払ってしまったほうが、金額的にはずっと得なのだ。

だがここで問題となるのは、平屋の面積だ。胡同地区の多くの屋敷は多数の世帯が住む大雑院となっており、一世帯あたりの面積が小さい。だがマンションの一ユニット当たりの面積は概して広めだ。そのため、いくら平屋の単価が高くても、売却後に市内でマンションを買うのは難しい。そこで住民たちは、取り壊しに伴って補償として優先的にあてがわれる「安置房」を当てにすることになる。

だが、今回の例はまだましとしても、そもそも多くの「安置房」は遠い郊外に設けられることが多いため、トイレや水回りの設備、居住面積こそ多少は改善されても、通学、通勤、通院、交通などの他の面では、むしろ環境が悪化しかねない。つまり、「安置房」を当てにするのは、まさに賭博に近い「棚ぼた狙い」なのだ。立ち退きのビラを見ていたある通行人も、「安置房は建物の質があてにならない。それに、いざ住んだら管理費などの諸々の費用がえらく高くついて、結構たいへんさ。移っていいことなんてあんまりない」と言いながら立ち去って行った。

つまり、正直な印象では、政府が掲げている立ち退き理由の一つ、「生活環境の整備」は、ただの「言い訳」にしか見えなかった。それは、「巨額の予算」というケーキがもたらす利益を分け合うための口実に過ぎないのだ。本気で胡同地区の生活環境を改善したいなら、一律に多くの人を住み慣れた環境から引き離すのではなく、循環型の整備で排水管やガス管の敷設工事でも行い、一人あたりの居住面積が小さい平屋の住民に優先的に福利性住宅でも提供した方が、よっぽど「生活環境の整備」になることだろう。

綿密で周到な計画

そんな詭弁に満ちているとはいえ、新しいやり方が、先回の失敗を踏まえて念入りに仕組まれたものであるのは、ディテールから明らかだった。まずは、補償の仕方が巧みだった。

例えば、補償は二通りに分かれる。一つは市内の同レベルの面積の家屋との交換。もう一つは一平方メートル四四三六一元という基準での、貨幣による補償だ。このうち、「安置房」政策の恩恵を求める住民は、補償金を受け取った後、朝陽区芍薬居にある「安置房」を現在では破格の価格ともいえる一平方メートル七〇〇〇元で買うことができる。安置房の物件は、五〇平方メートルから一〇〇平方メートル程度で、ちょうど補償金で買える価格だ。多少余った部分は改修や管理費に回せばいい。

今回取り壊しの対象となった区域は、低所得者が比較的多い一帯だといわれている。貯蓄のある家庭なら、これを機に貯金を上乗せして家を買おう、ということになるのだろうが、低所得者には難しい。それに芍薬居は、安置房の場所としては、比較的市の中心部に近い方で、風水的にも北京っ子の好む北側にある。強制的立ち退きによって、願わずして遠い郊外、ひどい場合は河北省との境近くまで追いやられた人も多い北京では、少なくとも表面的にはかなり有利な条件と映るはずだ。つまり、こういった点だけをみれば、低所得者層にとって、安置房の条件はぎりぎり我慢できる範囲のものといえる。

胡同地区の立ち退きでよく話題になるのは、近所同士の関係がずたずたに引き裂かれることだが、こちらへの配慮も怠っていない。対象地区には安置房の入手を奨励するスローガン、「鐘鼓楼で私たちは古い隣人、芍薬居でもお隣り同士」が貼られてあった。願おうと願わまいと、低所得層にとっては、半ば強制的な集団移住と変わらないのだから、「お隣り同士」は当然なのだが。

いずれの対処からも、北京を代表する主要な観光地ゆえ、本書冒頭の焼き栗屋に代表されるような、立ち退きを強く拒み続ける「釘子戸《ディンズフー》」の登場や暴力的取り壊しはできるだけ避けたい、という関係者の苦心がうかがわれた。さらにはその時期選びも巧みだった。観光客が少ない冬の、しかも春節直前という、誰もが新しい年の暮らし向きに不安を抱きたくないと思う時期が選ばれていたのだ。果たして、立ち退き勧告のビラにも、「早く優遇政策を受け、落ち着いた、幸せな年越しをしましょう」と書かれていた。

釘子戸は生まれるか？

つまり、今回の強制立ち退きの条件は、補償額の単価こそ低いが、「安置房」を当てにせざるをえない低所得層にとっては、そう悪いばかりでもない。だがそれでも、観光客や地元の顧客をあてにしている店の経営者にとっては、最悪の条件だ。営業用面積に対する補償金は住宅用より高いとはいえ、彼らの多くは店、顧客、自宅の三つを同時に失うことになる。また、芍薬居以外でまともな家を買いたい人にとっても、恐ろしい状況だ。これでは、立ち退きにしぶとく逆らう「釘子戸」が今回も出現するのでは、と私は胸騒ぎがした。

ちなみに釘子戸とは、周囲がすでに立ち退いている状態でも、開発側が提示する条件に妥協せず、あくまで立ち退きを拒む世帯のこと。開発側が基礎工事等を始めた場合、その家がしばしば地面に刺さった釘のような不動の状態を呈するためにこう呼ばれる。頑固に再開発を阻害する存在としてけなす意味で用いられることも多いが、私はあくまで「立ち退きを強く拒み続ける世帯」という、広く中性的な意味で用いている。

取り壊しに反対する住民の団結によって、再開発プロジェクトが難航するケースが増えていたからだろう。先述の通り、それまでも行政側が求める立ち退き期限はどんどんと早まる傾向にあったが、鐘鼓楼地区のケースに至っては信じ難いほど早く、立ち退きの期限は公告が行われた二〇一二年一二月一二日から二〇一三年二月二四日までだった。早期に立ち退きの契約をした者には奨励金が支払われるが、その期限に至っては二月二日までだ。この地区に何十年も住んだ人であれ、その家が立ち退きの範囲内にあれば、この二カ月で新たな行き場を決めなくてはならない。うかうかしていれば、その気がなくても「釘子戸」になってしまいそうだ。

現地の人がこう口にしているのを聞いた。「立ち退きを拒んでねばったとしても、最終的に有利なのは、私有住宅の所有者で、政府に何らかのコネがある人だけさ」。彼によれば、「公房」とよばれる、企業や不動産管理局が管理し、住民には「使用権」しか与えられていない住宅の所有者は、「ただ放っておかれるだけ」だという。

取り壊しを取り仕切る、いわば名を隠した「拆遷弁公室」のビラにも、「今回のケースは、これまでの『拆遷』とは異なる。補償プランは一貫性を保ち、奨励金も期限を過ぎたらけっして払われない。変な噂を信じて、幻想を抱いたりしないように」という意味の、いわば「釘子戸」の企みを戒める内容が書かれていた。

この問題はネット上でも盛んに議論されていたが、プロジェクト実施側の関係者である可能性もある、立場が不明のあるユーザーは、釘子戸になることについて、「補償金ではにっちもさっちもいかず、本当に行き詰まってしまった人以外は、ろくなことにならないので止めた方がいい」とまるで経験者のように書き込んでいた。

励ましあう住民

何はともあれ、改革開放前と異なり、さまざまな要求や条件や思惑をもった住民がいる現状の下では、住環境の改善と伝統的景観の保護を一緒に論じて煙に巻きたがる政府の口ぶりには十分な警戒が必要だ。むしろ集団的立ち退きと伝統の破壊こそが一緒に論じられるべきであり、地元に根付き、その文化を担ってきた「北京っ子」たちの大量移転に伴う伝統的風習やライフスタイルの破壊こそが、危惧されねばならない。

経済適用房（低価格分譲住宅）の多くが、本当にそれを必要としている低所得層ではなく、会社組織などの内部で分配されていることは、よく知られている。メディア関係に勤める友人によれば、国営メディアの関係者で占められている物件も多いという。もちろん、その口をふさぎ、政策に対する批判の筆鋒を緩めさせるためだ。低所得者なら誰でも自由に申請でき、本当の意味での住環境の改善をもたらすべきものである低価格分譲住宅が、慢性的に不足し、価格も高すぎ、分配に公正さを欠き、不当に売買や賃貸が行われ、腐敗の温床となっているという現状を前に、「住環境の改善」を唱えられても、空疎にしか響かない。

それならむしろ、まっとうな拠り所と必要性に欠ける大規模な取り壊しを避け、僥倖に頼らず、自主的に将来の居住計画が立てられる経済生活を住民たちに保証するべきだ。「自宅がいつ強制的に取り壊されるか分からない」という不安を極力減らし、住みたい者は住み、移りたい者は個人の蓄えに応じて、好きな時に適切な場所に移れるようにするのだ。

鐘鼓楼周辺はそもそも、旧内城ではめずらしく、昔ながらの胡同の風景が、新旧さまざまの店と調和しつつ、広い範囲で生き生きと残っていることが魅力だった。「今後、ここはどうなるのだろう」、強い不安を胸に、私は鼓楼脇にある爆肚《バオドゥー》(ゆでた羊や牛のモツをタレにつけて食べる北京料理)の店を数年ぶりに訪ねた。かつてはよく大音量で京劇の録音を流していた店だ。壁にはこんな張り紙があった。

食べるものを食べ、飲むものを飲んで、
何があってもくよくよしない。
お酒は控え目にして、時計を見て
今の一秒一秒を気持ち良く過ごそう。
お兄さん、お姉さん、兄弟たち、楽しいのが一番だからね!

客が酔いつぶれるのを防ぐ言葉だろうが、まるで刹那的な暮らしを強いられている今の状態を、近所の人と励ましあっているかのようで、心に残った。店の人によると、移転先は決まっていない、とのことだった。

店はその後、ひと月も立たぬ間に取り壊されてしまった。ガラクタの山は、見せしめのように長らく放置されていた。

近現代の蓄積を無視した「拆（取り壊し）」と、土地の文化的コンテクストを分断、消滅させる集団での「遷（立ち退き）」。清末で時間を止めた鐘楼と鼓楼は、今度はゼロ地点へと猛進するセルフタイマーになってしまったのかもしれない。

2 戻ってきた幻の河

廃墟の美

これまでの話と矛盾することを覚悟の上で、正直に告白したいと思う。廃墟となった胡同は美しい。

例えば、槌音の下で屋根の棟や梁がむき出しになり、壁が崩れ、街並みが次第に風化に任されたとする。そんな「遺跡」の中に立った時、強い愛惜の念とともに湧き上がるのは、別の次元の感動だ。窓枠の向こうに見える裸電球、住民が去る直前まで世話した植木、壁に残る子供の落書き。営まれた生活の断片が秩序を失い、投げ出された時、そこに生まれる無数の想像のようすがに心揺さぶられ、追憶の時間がさまざまな方向に流れだす。

とりわけ、一面の瓦礫の山となった胡同跡がうっすら雪化粧をした時、その迫力はぞっとするほどだ。人の営みの痕跡が時間軸をふと失って凍りつき、人類の永遠の何かがむき出しになった

◉廃墟となった賈家胡同

ように感じる。そして私は、まるで魔術にかけられたように立ちつくしてしまう。さらにしんしんと雪が降り、瓦礫の跡さえ隠れてしまうと、一面の雪原の中に、その土地の原始の状態が現出し、宇宙との交感を始める。すべてが取り除かれ、ただの更地になると、なぜか感動は消え、ただ空漠としたもの寂しさや虚しさばかりが残る。

宣武門の南の香炉営や校場の一帯、北大吉巷、鮮魚口の周辺、北では官園市場の付近を含む現在の金融街や金宝街の一帯などのさまざまな場所で、私はそんな廃墟に目を奪われ、悲哀や怒りとともに、独特の感動を覚えてきた。

土地や家に愛着をもち、断腸の思いで家を離れた人々もいることを思うと、そこに「美」を感じることには疚《やま》しさも覚えたが、それで

◉賈家胡同に最後まで残った住民の家

もなお、廃墟化した胡同ほど人の営みの愛おしさ、儚さを強く感じられる場所を、私は他に知らない。

北河胡同（地図B）で子供たちと出会った時も、私がそんないわく言い難い感動とともに廃墟の中で立ちつくしていた時だった。当時の北河胡同は、さながら空中から爆撃を受けたかのような瓦礫の山となっていた。長年、暗渠となっていた幻の運河、「玉河」を復活させるべく、急ピッチで家屋の取り壊しが進められていたからだ。

だが、大人の利害がぶつかり合う残酷な戦場も、子供の目を通すと、まるで別世界らしい。

外れた窓枠、散らばったトランプ、北京の地酒・二鍋頭《アーグオトウ》の瓶、爆竹やタバコの箱……かつてここで生活していた人々の息遣いを生々しく伝える残骸の数々は、彼らの新しい「秘密」だ。昼休みを利用して押し倒された巨大な壁を滑り台にして遊ぶグループ。むき出しになったかつての防空壕らしき穴から八角形のタイルを見つけ出す子供。見ていて何とも危なっかしいが、彼らの表情はとびっきり生き生きとしている。

子供たちはこの絶好の「遊び場」でひとしきりはしゃぐと、廃墟の中に踏み固められた「秘密の抜け道」を、せわしげに駆け抜けて行った。時を限る小学校のチャイムの音が風に乗って耳に届いた。

運河を取り戻す

近年、世界のあちこちの大都市で「歴史的運河の復活」が試みられているらしい。近代化の激しい流れの中で都市から消えてしまった運河のかつての姿を取り戻し、街に潤いを取り戻そうというのだろう。そんな流れの中で、北京でも昔の運河、「玉河（「御河」と同音、同義）」の一部を復活させようという動きが生まれた。

玉河はかつて北京の通恵河と積水潭をつないでいた川で、運河や皇城の堀も兼ねていた。元代に形成

◉取り壊しが始まった頃の東不圧橋

◉スローガンで「公平、公開、公正」であることを強調。東不圧橋にて

されてから一九五〇年代に至るまで、各時代の地図にもはっきりと記されている。

北河胡同の名の由来となった「北河」も、この玉河の一部だった。明代の北河は、川べりに柳の枝が垂れた、牧歌的で美しい風景が広がっていたという。だが清末には、北河はすでに汚水が排泄されるだけの川と化し、雨の多い季節には、水が溢れて悪臭を放った。解放後もそれなりの美しさは保たれていた、と証言する元住民もいるが、鉄道や自動車道路が普及し、輸送を水運に頼らなくなった時代の北河が、寂れる一方だったのは確かだろう。やがて北河は地下に埋められて暗渠となり、地上は現在の「北河沿大街」を含む道路となった。

そのかつての玉河を、継承すべき景観として復活させよう、という動きが生まれたわけだが、その有無を言わせぬ流れの中、北河胡同とその北の東不圧橋の一帯は、大規模な取り壊しの対象となった。

偶然だが、奇しくも私はその頃、またしてもその大規模な再開発の予定地から歩いてすぐの、景陽胡同に住んでいた。鮮魚口や旧鼓楼大街の後は、東不圧橋や北河胡同。今思えば、引っ越すたび、目と鼻の先で、地元の住民を大きく巻き込む大規模な再開発が行われたことになる。もちろん、それらは一九九〇年代以降に顕著になったとされる、北京における大規模かつ強引な再開発のほんの一部に過ぎない。

首つり自殺で抵抗

美しい伝統的景観の再現、といっても、回復された景観は、けっして元の住民すべてに分け与えられるのではなかった。しかも、不動産の価格がうなぎ上りに上がっていた時に公共スペースの確保を理由に立ち退かせる、という状況だったので、実施にあたっては、東不圧橋でも北河胡同でも、住民たちと開発業者の間でさまざまな思惑や主張がぶつかり合い、立ち退き反対派の根強い抵抗が行われた。

とくに北河胡同では、かなり多くの人が立ち退きを拒んだようだ。ある日心配になってその一帯を訪れると、ある家の主らしき人が、ドアや窓に板を打ち付けていた。何をしているのかと聞くと、「夜中に石を投げ込まれるから」とのこと。この家では、長期にわたって立ち退きを拒み続けてきたために、夜の一〇時過ぎになると、拆遷公司の関係者らしき人々からたびたび石を投げ込まれていたのだ。この北河胡同一帯では、このほか公共トイレの取り壊しに逆らった住民が負傷したり、立ち退きを拒んだ老人が首吊り自殺したりする事件も発生したという。

当時、住民たちはうろうろと歩き回っていた夫と私を気遣い、「没収されるから、カメラに気をつけて」と忠告してくれた。よく注意すると、一帯を巡回している草色の丈長の綿入れを着た人々が、明らかに私たちに警戒の目を向けている。どうも取り壊しを請け負う「拆遷公司」の人々らしい。周辺には政府高官の住宅が多いこともあり、所轄の派出所の警官もきちんとパトロールしていたが、住民たちによれば、彼らは職責上、治安の悪化を心配しているだけで、拆遷公司の暴力的な行為など見て見ぬふりだという。一方の拆遷公司側も、警察が直接介入するほどの事態は明らかに避けているようだった。

そんな状態だったから、一帯には何とも形容しがたい、不気味な緊張感が漂っていた。当時、北河胡同の取り壊しの実態を住民側が告発したビラが付近の商店街一帯に貼られたが、翌日にはすべてはがされてしまった。

この玉河プロジェクトにおいては、さすがに「景観の回復」を目標に掲げているだけあって、建物の取り壊しもそこまで無差別ではなかった。付近の壁にはきちんと取り壊される建物の基準を記した紙が貼られ、そこには、一定の歴史をもつ四合院は丸ごと保護されるが、解放後に建てられた建物は一律に壊すと記されていた。

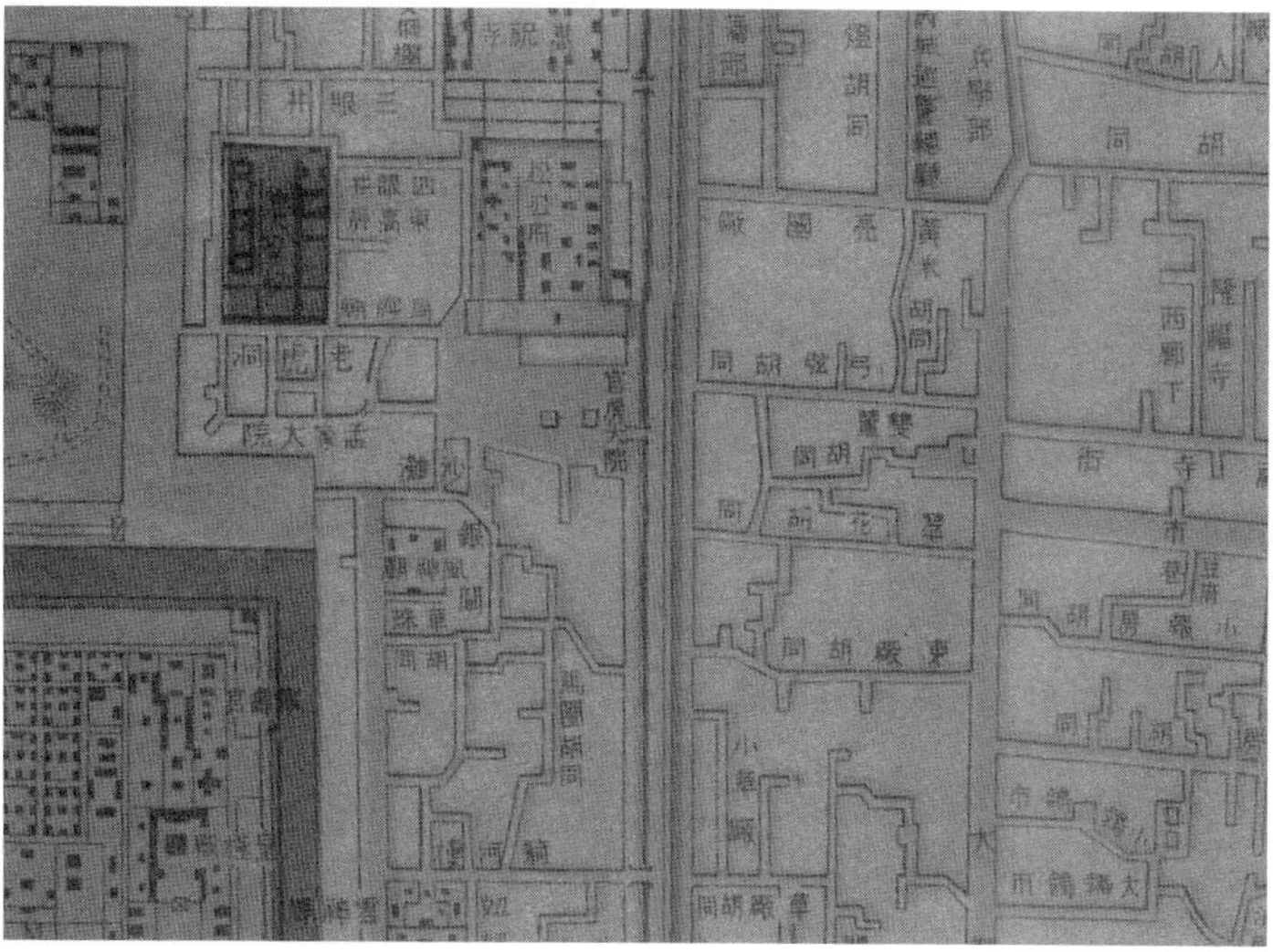

◉かつての御河（王河）の一帯

だが実際によく観察してみると、どうも政府の高官が住む建物は基準の対象外のようだった。目を覆いたくなるほど乱暴な取り壊しを経て廃墟と化したエリアには、解放後に建てられたことが明白な高級二階建て住宅が無傷のまま残っていた。子供でも明らかに分かる二重基準で、呆れて言葉も出なかった。

復旧後は川の沿岸で新たな不動産プロジェクトが実施され、美しく改装された高級四合院が、国内外の高所得者層を対象に売り出された。伝統的景観の回復という美しく公益的な建前を振りかざして低所得者の集住する地区の開発権をデヴェロッパーに安く売り渡し、行政側には政治的業績、デヴェロッパーには利益を上げさせるという巧みなカラクリが垣間見えた。

楽しい市場めぐり

北河胡同の消失も心痛んだが、東不圧橋（地図B）一帯の取り壊しからは、より直接の影響を受けた。なぜならそこは、まさに私の生活圏内にあったからだ。

東不圧橋とはかつて玉河にかかっていた橋の名で、直訳すれば「東の圧されざる橋」を意味するが、これは西の方に西圧橋、つまり「西の圧された橋」があったからだとされている。西の橋では皇城の城壁がその上にのしかかるように建っていたが、東不圧橋は城壁から離れていたため「圧されざる橋」だったというのだ。もっともこの名は民国期につけられたもので、それ以前は道の形状に因んで「馬尾巴斜街」、つまり「馬の尻尾斜め通り」と呼ばれていた。

取り壊される前の東不圧橋は、地方からの出稼ぎ労働者や所得が低めの人々が軒を連ねる平屋地帯で、そのちょっとくねくねっとした親しみやすい街並みは、すでに地元の風景の一部になっていた。

何より人気だったのは、市場エリアだ。賑やかな朝市が人気を集めていた他、常設の市場でも肉、果物、野菜、手作り豆腐、調味料などがあれこれ売られていたので、スーパーなどに行かなくても食事の材料はほとんどここで揃った。市場の外側の道沿いには厨房用品や清掃用品などを売る店が並び、時計や家屋などの「直し屋」系も控えていた。価格もおしなべて安めで、近所の人々の生活と密接に結びついた、簡素で庶民的な繁華街が広がっていた。

私もよく、東不圧橋の市場であれこれと買い求めた。屋根つきの市場なのに自転車で乗り込め

◉地上に復活した玉河

るのが便利だった。しかも中国の市場の魅力は、ただ新鮮な野菜や肉が選べることだけではない。豆腐屋からはその朝作ったばかりの豆腐や豆乳が買え、肉屋は買った肉をその場で好きな大きさに切ってくれる。飼っているうさぎにやるんだ、と八百屋の野菜のくずを持ち帰ることもできるし、売り子が「しばらく来なかったね」とかけてきた声に、「ちょっと旅行しててね」と答えたりもできる。そんな風に、売り手と買い手の間に、商品以外のあれこれのつながりや出来事があることが、私にはとても新鮮だった。

ジャスミンとゴマ

中でもよく覚えているのは、市場の片隅に作りたてのゴマ油を売っている店があり、そこでゴマを絞った後のカスがもらえたことだ。

なぜそんなものに興味があったかというと、ある日軒下でジャスミンの花を育てている私を見て、隣りの家のおばさんが、肥料にはゴマのカスがいい、と教えてくれたからだった。それを聞いて、私は何だか楽しい気分になった。そもそも、羊のシャブシャブや北京風冷麺、緑豆《りょくとう》のペーストにゴマだれと塩をかけた麺茶《ミエンチャー》、キュウリや蒸しナスの和え物など、典型的な北京料理には、ゴマペーストやゴマ油が欠かせない。だがまさか、ジャスミンにまでゴマを食べさせているとは思わなかったからだ。確かに、ジャスミン茶を例に挙げるまでもなく、ジャスミンは北京っ子にとても人気がある花だ。花の季節には胡同でも鉢植えを三輪車に載せて売る姿がよく見られる。だがジャスミンにゴマを与えていると知って以来、北京っ子にとってのジャスミンは、ただ「好きな花」に留まらず、大事な家族の一人なのだ、という気がしてならなくなった。

もう一つ、ゴマつながりがある。我が家にとって当時、東不圧橋の取り壊しによる最大の痛手は北京の伝統的な主食、「焼餅《シャオビン》」を売っていた店の消失だった。北京の冬の家庭料理の筆頭は羊のしゃぶしゃぶだが、この料理を食べる際の典型的な主食が、ごまペーストを小麦粉の生地に練りこんで焼いた「焼餅」だ。その味に強くこだわる北京っ子は多く、焼きたてのおいしい「焼餅」を買うためなら、零下の寒さも厭わず、焼餅屋の店先に並ぶ。

かつての胡同生活では、比較的手軽にゴマの香りが香ばしい本格的な焼餅が買えたものだったが、年々買うのが難しくなっている。やっと見つけても、味はまったく話にならないことが多い。庶民的な胡同の取り壊しと外来人口の流入で、売り手とともに買い手も減ったり、入れ変わったりしているからだろう。そう考えると、本格派「焼餅」の行方は、胡同の住民の顔ぶれと胡同の食文化の継承度を示すバロメーターの一つといえるかもしれない。

人間のエゴかもしれないが、ジャスミン用のゴマの絞りカスは別の肥料で代用できても、しゃぶしゃぶ用の焼餅はちょっと譲れない。胡同を守る闘いは、結局のところおいしい「焼餅」を守る闘いでもあると思う。

第3章 断ち切られる伝説

1 消えた竜の井戸

大事なのは水

近年、北京の空気の悪さがよく話題に上るが、実は水質の悪化もそれに負けぬくらい深刻だという説がある。悪いだけでなく不足もしていて、このままではいずれ都市の膨張に水の供給が追いつかなくなる、という恐ろしい噂まである。

まるでそんな未来を予測していたかのように、北京は建都の最初から水脈優先だった。それは地図を見れば一目瞭然で、西北郊外から流れ込む水を湛えた湖が、まるで抱え込まれた水がめのように、内城で六つも連なっている。

水を重視した都だったことは、胡同という言葉の由来からも伝わってくる。語源としてもっとも有力視されているのが、モンゴル語の「井戸」を意味する言葉だからだ。真偽はともかく、私はこの、人間が生きるためにかつて最低限必要だった「井戸」を由来とする説に強い説得力を感じる。車のための道ばかりが増えている現在の北京で、胡同が今も「人の暮らしの空間」としての温もりやゆるやかな公共性を保っているのは、かつて住民たちがここで井戸を共有していたからではないか、と思うからだ。

水道などなかった昔、井戸は都市生活の生命線だった。清代の北京の城壁内には、一二五八の井戸があったという統計がある。その数の多さからか、北京の胡同には三眼井、四眼井、沙井、井児など、「井戸」と結びついた名をもつ胡同がたくさん残っている。清代には「井児胡同」と呼ばれる胡同だけで一四もあったというから、驚きだ。

同名が多くてややこしかったのか、やがてその一部は名を変えた。実は私自身が後馬廠胡同を追い出された後に住んだ胡同も、この井児《ジンアール》胡同の音が変化して生まれた名を持つ「景陽《ジンヤン》胡同」だった。その名の由来と関わりがあるかどうかは分からなかったが、我が家の横にも、石で蓋をされた古い井戸の跡が残っていて、通るたびにさまざまな想像を誘った。

永遠に新しい橋

生き生きとした物語や伝説は、それぞれの土地に具体的なイメージと親しみ深さをもたらすものだが、井戸についてもそれは同じだ。しかも数が多ければ、物語や伝説もあれこれと生まれる。中でも竜の井戸の伝説は、北京城がまだ出来たてのほやほやだった時代が舞台の興味深いものだ。

舞台である北新橋は、現在夜の飲食街として名を馳せる簋街の西の端の交差点一帯を指す。

「その昔、燕王（後の永楽帝）が都を作ろうとした時、そこに棲んでいた竜を追い払った。竜は恨みを抱き、都が完成した日には洪水を起こして都を水浸しにしてやろう、と考えた。竜を懲らしめるために派遣されたのは軍師の姚広孝《ようこうこう》だった。姚は竜を井戸の中まで追い詰め、鉄の鎖で井戸に繋ぎ、その上に欄干のない橋を築いた。姚に『橋が古くなるまで出てきてはならん』と告げられた竜は、『どんな橋もいつかは古くなる』と考えて承諾する。だが姚は橋に『北新橋（北の新しい橋）』と命名してしまった。その後、この橋を指す時、人々が常に『新しい橋』と口にしたため、竜は永遠に井戸から出られなくなった」

バージョンによって細かな違いはあるものの、その後、忠誠心の強さで知られる宋の将軍、岳飛の廟（やしろ）が井戸の上に建てられていることを思うと、この伝説はプロパガンダの一種だったのかもしれない。つまり、北京の征服者が服従を誓った被征服者に「約束を守れ」と戒めるために語り継がれた可能性がある。とはいえ、巨大な破壊力を持った竜が一休さんのようなとんちで簡単に閉じ込められてしまう、というのは愛嬌があって面白い。ちなみに、この伝説はかなり真面目に受け継がれたようで、まことしやかな続編まで用意されている。

「この伝説を聞いて井戸の竜を見たくなった無謀な若者が、ある日鎖を手繰ってみたところ、ゴーゴー、ザワザワといった水や風の音、そしてムオーッというなり声が聞こえてきた。驚いた若者は、鎖を放り出して逃げ出した……」

付近の住民によると、何とこの怪談話のような伝説の井戸は、岳飛を祀った精忠廟とともについ最近まで実際に残っていたという。撤去されたのは二〇〇二年に始まった地下鉄五号線の建設工事の時だというから、ほんの十数年前に違いない。竜の伝説が六〇〇年近く続いたことを思えば、何ともわずかな差で見逃したことになる。

受験生の恩返し

開発ラッシュの渦中にある北京では、いわば「建都神話」と深い関わりがある遺跡さえ、いとも簡単にブルドーザーで押し潰されてしまう。性急な開発の代償はあまりに大きい。

幸い、竜の井戸こそ消えても、北新橋の一帯の胡同には、伝説の時代とのつながりを感じる素朴な雰囲気が今も残っている。ある日その一つ、北新橋二条を歩いていると、古い寺の跡を見つけた。報恩寺というのだが、名の由来がいかにも北京らしい。かつてこの寺が修復を必要としながら、資金不足に悩んでいた頃、寺の僧が科挙の試験を受けに来た若者

◉屋根の上の吻獣。北新橋二条にて

を助けた。その後、若者は科挙に合格したため、恩返しとして修復のための金を寄進した。以来、寺は「恩を報いた寺」という意味の名で呼ばれるようになったという。

山門の三つの入り口こそ塗り込められてしまっているものの、今でも寺の建物の一部は残っている。さらに調べると、実はこの寺にも井戸にまつわる伝説があった。

「元代の末、明軍が都に攻め入った時、元の皇帝の顧問、危素がこの寺に駆け込んできた。危素は元への忠義心から、寺の井戸に飛び込もうとした。それを見た僧の黄旱は危素を引きとめ、『この国の歴史について貴方ほど知っている人はいない。あなたが死んだら、この国の歴史も失われてしまう』と諭した。もっともだと思った危素は自殺を思い止まった」

この話を知ってから、私はついこう自問するようになった。今の北京でも、危素は生きながらえられるのだろうか。危素の自殺を食い止める、黄旱のような存在はちゃんと現れてくれるのだろうか。

幻のおいしい水を探す

北京にはもう一つ、タッチの差で見逃してしまった井戸がある。

「井戸」にまつわる名がついた胡同のうち、その名がもっとも魅力的に感じられるのは「大甜《ダーティエン》水井《シュイジン》胡同（大きくて甘い水の井戸胡同）」だ。かつての北京は井戸こそ多かったものの、その多くが「苦水井《クーシュイジン》」と呼ばれる、水質の劣る井戸だった。水質の良い「甜水井《ティエンシュイジン》（甘い水の井戸）」の水はとても貴重で、貧しい人々には手が出なかっただけでなく、経済的に豊かな家でも、お茶を飲む時ぐらいにしか利用できなかったといわれている。

おいしい水の出る大きな井戸があったとなれば、見てみたいものだ。そう考えた私は、さっそく大甜水井胡同（地図B）を訪ねた。

だがいざ着いてみると、そこでは井戸どころか、胡同そのものさえ、地上から半ば消えかけていた。わずかに残る附近の住民に尋ねても、大甜水井の水など飲んだことはないと言う。「八〇歳以上のお年寄りなら、井戸が使われているのを見ているだろうけど、私有の井戸だったから、所有主以外は簡単には飲めなかったはずだよ」と語る住民の案内で、その井戸の場所を訪ねてみた。一面更地になった場所に立ち、「あの下のはず」と指さされた先を見ると、工事用の砂利の山があるばかり。かつて、井戸を制する者は大きな権益を握ったとされるが、権力者は確かに変わったのだ、と思わせる象徴的な風景だった。

狭く目立たない大甜水井胡同だが、実は東の突き当たりは、北京を代表する繁華街、王府井大《ワンフージンダー》街《ジエ》だ。恐らく北京でもっとも有名な井戸の一つと思われる、この「王府井」の名の由来となった井戸がどこにあったのかについては、古来あれこれと議論されてきた。現在の定説では、王府井大街と東安門大街との交差点にある井戸を指すとされているが、ネット上の議論を見ると、大甜水井胡同の井戸を指すのだ、と頑固に主張している人もいる。「ほたるこい」の童謡ではないが、甘い水を湛えた「幻の井戸」は、やはり人々の夢と期待を背負ってしまうものなのだろう。

住民同士で探り合う

もっとも、当時の大甜水井胡同の住民たちが渇望していたのは、「王府の井戸」などという地元自慢の種より、もっとずっと現実的なものらしかった。

歴史や文化に惹かれて訪れたはずなのに、図らずも立ち退き問題のトラブルを目にしてしまった、という経験は、北京の胡同歩きでは珍しくない。この時もそうだった。

井戸のことを訪ねながら胡同を歩いていると、釘子戸となった店に、何人かの住民が集っていた。お互い、他の住民の情況が気になるらしい。その時、こんな言葉を耳にした。

「通りのこちら側を担当した拆遷公司は暴力的だったけど、あちら側はもっとおとなしかったよ」

その話では、数百メートルほどのこの胡同の取り壊しに、実は約四社の拆遷公司が参与しているという。再開発に名を借り、陰に陽に地上げ的行為を行う「拆遷公司」。都市の再開発においては、住民からしばしば「金さえもらえれば文化財さえ破壊する」悪玉とされ、デヴェロッパー

◉取り壊しが進む大甜水井胡同

側からも「面倒で手の汚れる仕事をこなす輩」扱いされてはいるが、彼らのすべてが暴力的な地上げを行うとは限らないらしい。住民によればその性質はさまざまで、恐喝に近い行為をするところもあれば、じっくり腰を据え、必要なら補償金を値上げする形で追い払う、という比較的穏健な方式をとるところもあるとのこと。複数の拆遷公司を引き入れる理由は、お互いに競争をさせ、効率を上げるためだろう。

ちなみに、私の出会ったおばさんは、「早めに立ち退けば奨励金が加算されるため、高い補償金が得られる」との拆遷公司の言葉を信じ、早々に立ち退いたのだという。だが、時々戻ってきては他の住民の様子を聞くうち、後悔の念を抱くようになった。具体的な数字は教えてもらえなかったが、粘って居残った住民に対して提示される補償金額は、早めに立ち退いた家のものよりだいぶ高かったからだ。

確かに、住民にとって補償金の額は、次の住まいの性質を決める重要な問題だ。補償金の額をめぐる腹の探りあいは、もともとコネや地位が幅を利かせ、不公平になりがちな立ち退き問題を、さらに複雑化させているようだった。

釘子戸をどう見るか

この大甜水井胡同を含め、ここ十数年の間、私はあちこちで、「釘子戸」を目にしてきた。中には「不公平な待遇を受けている」という意味の「冤」の文字を家や自分の三輪車に大きく貼り

◉立ち退きを望まず、門に対句を書くおじいさん

つけて、自己アピールしている場合もあった。また、周りの家がどんどんと取り壊されていく中で、おじいさんが必死で家の補修工事をしつつ、「危険家屋なんかじゃない。ずっと住んできたんだから住み続ける」という主張を行動で示している、痛々しい例もあった。

釘子戸をどう評価すべきか。それは、一概には言いきれない。ただ素朴に、「他に行くところもないし、住み慣れた土地に住み続けたい」と思って立ち退きを拒む人や、「立ち退きたくてもこの補償金ではほんとうに行き場がない」という人もいるだろう。だがその一方で、目的はただ補償金をつり上げること、という人もいなくはない。高い補償金がもらえると思って再開発を楽しみにしていたのに、蓋を開けてみれば思わぬ金額の安さにがっかり。そこで、より多額の補償金を得るための

◉最後まで胡同に残った90歳のおばあさん

戦略を練り、同居者を増やしたり、戸籍上別の家族になるよう、あえて偽装離婚したりと、あらゆる手を尽くす。そして最後の切り札が「釘子戸」、というわけだ。

驚くのは、取り壊し計画があるエリアの家を敢えて売りに出す家主も多いことだ。先述の鼓楼周辺の再開発計画の際は、周辺の平屋が、「近々拆遷（取り壊しと立ち退き）あり」を売り文句に、大量に売りに出された。補償金さえがっちりせしめれば、市価で転売するより高いリターンが得られる、と投機家たちにアピールしているわけだ。もしこれが意図的なペテン行為でなかったとすれば、人々の間に補償金、あるいは釘子戸的行為に対する相当の幻想があったことを意味する。先述の通り、実際の補償金は市価よりずっと低かったわけだから。つまり広告のセールスポイントには、かりに補償金が低くても、「釘子戸」で稼げますよ、という意味が含まれていたことになる。

開発商は情け深い？

こういった調子で、人々が「釘子戸」になる動機には、時には不純で投機的なものもある。それに、そもそも経済的実力に乏しい者が都心の一等地を占めることそのものが、適者生存の理屈に反しているのだ、という主張もあるかもしれない。国に家屋を分配された時代、あるいは家屋の安かった時代にその居住権を手に入れ、税制の整った資本主義国でならば当然支払うべき高い税金も払わずに済んできたであろう彼ら、国の制度上、土地の所有権すらない彼らにそれなりの補償金を支払うなんて、開発側は情け深すぎる、という論ももちろん存在しておかしくない。そういった開発支持者からすれば、「金持ちが経済的実力を武器にインフラの新たに整備された都心の家を手に入れて何が悪い」ということになる。実際、都心の四合院はもともと金持ちのものだった、と考えている北京っ子は多い。栗屋の例などはむしろ例外的で、要求を出すなど無駄か分不相応だと考えた立ち退き住民は、膨大な数に上ると見られる。

もちろん、住民が人間らしい暮らしを営む正当な権利が踏みにじられてはならない。だが釘子戸の中には、「社会はこうあるべき」、「文化財は守られるべき」という理想より、自らの目先の損得優先で動いている人も多い。そういった人々は往々にして、かりに修復が急がれる文化財建築に住んでいようと、補償金が十分でなければけっして立ち退かず、かといって自費で必要な修復をするのでもない。だが、立ち退かないまま居座ってしまうことで、家屋が老朽化し、保護の価値がない危険家屋だと指摘されてしまえば、デヴェロッパーの思うつぼなのだ。

そのため、どれくらい心情的に「釘子戸」に肩入れすべきかについては、私も正直なところかなり迷った。だがその後、特権やコネをもつ人々が、優先的に条件の良い住居をあてがわれ、場合によっては何軒も家を持つに至るのを目にするにつけ、やはりどんな動機と手法であれ、まずは人々が自らの有する権利を自覚し、追い求めることが先決のはずだ、との思いを抱くようになった。

結局のところは不必要な都市開発計画をふりかざされ、金銭の誘惑に屈服して終わるケースも多いとはいえ、「住み慣れた土地に住み続ける権利」、または「それまでの暮らしの質を落とさずに生活を続ける権利」を主張する釘子戸たちの存在は、やはり社会を前進させる力を持っている。ましてやそれが、胡同のさまざまな文化を担ってきた古顔の住民ならば、彼らの受け継いだ伝統そのものが胡同と不可分の財産だ。だから、本来なら彼らが離れずに済むよ

◉大甜水井胡同。すぐ向こうは王府井大街

う、行政側が努力をせねばならない。実際、北京では近年、伝統的景観の保護の際は、地元の住民と建物を同時に存続させるべきだ、という議論も高まっており、実施の難しさは承知しつつも、いくらかの希望を感じている。

2 鄭和の庭

消えた鄭和の築山

胡同にはユニークな名前が冠されたものが少なくない。「三不老《サンブラオ》胡同」（地図E）もそんな胡同の一つだ。もっとも名前こそ奇妙だが、その由来は堂々たるもの。徳勝門内大街から西にのびるこの胡同は、東南アジアや西南アジアにかけての広い地域に七回にわたる「鄭和《ていわ》の大遠征」を行ったことで知られる明初の宦官、鄭和が庭園つきの屋敷を構えていた場所だからだ。

鄭和は、雲南の回族の出身で、本来の姓を馬、幼名を「三保（または三宝）」といった。雲南が明朝に征服されると、永楽帝に宦官として仕え、南海経略にあたる。その生涯において鄭和は、大船隊を指揮し、東南アジアから西南アジアまでの三〇カ国以上へと遠征した。これを「ヨーロッパ人来航以前の、南方アジア最大の事件」だとする見方もある。

当時、その鄭和が住んだ胡同は、その幼名に因んで「三宝老爹《サンバオラオディ》胡同」と呼ばれた。老爹とは宦官に対する尊称。現在の「三不老《サンブラオ》」という名は、この「三宝老爹」の音が変化したものだ。

さすが国境を股にかけた鄭和の屋敷だけあって、もともとはかなり広大なものだったらしい。かつてその庭園部分に住んだ住民によれば、解放後しばらくまでは、大きな築山が鎮座した美しい花園があったという。もっとも、一九五七年には築山を除くすべてが取り壊され、政治協商会議の議員の宿舎用ビルになってしまった。政治協商会議とは、中国共産党による指導のもとでの多党合作制を強調するため、各界の人士によって構成された全国統一戦線組織だ。その議員の多くは、文革中、激しい批判の対象になった。ゆえに当時はこの宿舎でも、家財没収の嵐が吹き荒れたという。

実はヒューマニズムと理性主義を掲げる詩人としてかつて一世を風靡した北京生まれの詩人、北島《ペイタオ》は、少年期から結婚までの二三年間をこの宿舎で暮らしている。天安門事件の直前にヨーロッパへと亡命した北島は、のちに当時の生活を懐かしんで随筆、「三不老胡同一番地」を記した。その中で北島は一九五八年のある日の出来事をこう回想している。

「もっとも心が痛んだのは、築山が取り去られたことだった。太湖石が釣りあげられ、トラックに積まれると、あっという間に消えて行った。それはかくれんぼをするのに絶好の場所であり、鄭和の家の最後の証人だった。聞くところでは、軍事博物館（北京十大建築の一つ）の戦利品となったということだ」

その回想によれば、一九七八年創刊の有名な地下文学雑誌、『今天（今日）』の装丁作業の一部もここで行われたらしい。

住宅が配給制だった時代の胡同では、かりにそれが胡同の中にあっても、アパートの住民はやや上のクラスに属すると見られていたという。だが、北島は平屋暮らしの友人たちと親しんだ記憶から、こう記している。

「胡同が形作る迷宮、雨の後の水たまり、初夏のエンジュの花の香りと薄暗い街灯。それはビル育ちの子供だった私があこがれを寄せた場所だった。ビルの紋切り型の構造と比べ、そこにはある種の庶民の野性と自由があった」

欧米諸国での一三年にわたる亡命生活を経て、二〇〇一年に北京に里帰りした北島は、幼馴染の導きでこのアパートを訪れ、昔の隣人たちとの再会を祝した。

一方の鄭和はどうだろうか。航海に出ることが今よりずっと危険で面倒だった六〇〇年前のことだから、遠征中はなおさらここが懐かしかったのではないだろうか。築山には、山の多い故郷の雲南の風景も重ね合わされたかもしれない。三不老胡同一番地のかつての麗しさを想像しつつ、私はこの地に繰り返し馳せられたであろう郷愁を思った。

不動産争いの地に

二〇〇八年の秋、私はふたたび鄭和の屋敷跡を訪ねた。だが今度は屋敷ではなく厩《うまや》の跡だ。厩といっても船団を率いて大遠征をした冒険家のものだから、ただの厩ではなかったはずだった。

だがこの時も、すでに死んだ鄭和より、今現在を生きている住民たちの方が、圧倒的な存在感を発揮していた。例によって、立ち退きを拒んでいた屋敷跡の住民たちが、私たちを前に自らの窮状を訴え始めたからだ。しかもそれは、なかなか深刻なケースだった。

ある華僑Aがこの屋敷を買い取ろうと考え、住民と契約まで結んだ。だが契約後、さまざまな理由をつけて、代金の支払いを先延ばしにしようとした。時は不動産価格がうなぎ上りに急騰していた頃。焦ったのは元の住民たちだ。やがて、最初に契約した価格ではもはや新しい家を買うことができなくなってしまった。だが住民たちが売買契約を破棄しようとすると、Aはこれを拒否し、事は裁判沙汰になった。判決は元住民に不利なものだったため、元住民たちは仕方なく、「居座り」という形で抵抗していたのだった。

彼らはさまざまな書類や写真を次々と持ち出してきては、自分たちの正当性を主張した。だが私が「これらは鄭和ゆかりの建物ですよね。保護されるんでしょうか」と尋ねても、言葉を濁すばかり。彼らにとっては、明代の偉人である鄭和の存在より、目の前に迫っている立ち退きのほうがよほど深刻な死活問題なのだ。

数年後、ふたたび屋敷跡を尋ねると、住民は姿を消し、改修工事の真っ最中だった。古い建物は壊され、擬古的な似非四合院が建っていた。落胆しつつも、私は住民たちが無事新しい家に移れたことを祈らずにはいられなかった。

いろんな意味で国際化が進む今、北京の胡同に対する「思い」も「欲望」もどんどんと国境を越えている。北京の文化を熟知した北京っ子たちが郊外へと分散していく一方で、財を築いた地方出身者や華僑、外国人などが旧城地区へと次々と乗りこみ、北京の四合院文化を足がかりとして、ビジネスをしている。そのさらに上を行くのが、豪華四合院と呼ばれる、日本円にして数千万円から数億円に上る四合院住宅を購入する富裕層だ。だが、ビジネス組と同様、彼らの多くにとっても、四合院の購入はステータス・シンボルであるとともに投資目的にすぎないため、その存在は地元の胡同ネットワークとはほとんどつながりをもたない。

友人たちと胡同歩きをしていたある日、とある華僑が改装をしたばかりという豪華四合院の前を通った。将来貸し出すことを想定しているということで、気前よく中を見せてくれたのだが、取り壊し工事の続く埃っぽい胡同から一歩入った先は、まるで別世界だった。調度や仕切りの扉、欄間などには美しい彫刻が施され、広々とした二つの中庭も緑豊かだ。都会のオアシスとはまさにここのことだった。居間やキッチン、そして数ある寝室もゆったりとした間取りで、トイレも最低三つはあった。浴室には広いバスタブはもちろん、サウナとフィットネスルームまでついている。私は自家用のトイレさえなかったであろうかつての住民のことを思い、そのギャップにため息をついた。

もちろん、家は大きければ大きいほど良い、というわけではない。北京にいると、「豪華四合院こそ本当の四合院で、大雑院になった四合院は四合院などとは呼べない代物だ」と言う人に時々出会うが、私はそうは思わない。大雑院には大雑院ならではの優れた点があるし、実際のところ、冬の暖房の問題を考えると、四つの棟が独立している豪華四合院に住むより、各世帯が肩を寄せ合う大雑院に住む方が、熱効率は良く経済的でエコロジーだ。

だが、外側から見ると同じような灰色レンガの壁でも、内部の環境にはとんでもない格差が広がっているのが今の胡同だ、というのは確かかもしれない。

タブー本を復刻

北京には、存在を指摘されなければ知らないまま過ごしてしまう、いくつもの神秘的で貴重な「お屋敷」がある。たとえ明清時代に建てられた建築物であっても、ひとたび政府や軍の関係者によって占められると、公開などもってのほか、文化財関連の専門書籍からも抹殺されてしまうため、それらを発掘し、状態を確かめるなら、自分で足を運ぶしかない。

解放軍が北京入りした時に、質のよい四合院や洋館を「優先的に」占拠したことはよく知られている。その後、国の財政が潤ってくると、その多くがこれまた「優先的に」取り壊され、ビルやマンションへと改築された。

だがこれらには例外もある。先述のように高官にあてがわれる屋敷となったり、学校や病院など、その中庭を有効活用できる施設になったりした場合だ。もっとも、そんな幸運に恵まれた屋敷でさえ、近年の北京では、都市空間の再編にともなう開発の波にさらわれかねない。その一つの例が、金融街のど真ん中に取り残された、名将軍たちの故居だ。

◉武定候胡同に残る武定侯郭英の屋敷跡

北京の西城区、阜成門の南東に、旧城壁内の地区でありながら、金融や保険関係のオフィスが集まる一帯がある。もともとは胡同が広がる庶民的なエリアだったが、二一世紀に入ると金融街として整備すべく大規模な再開発が進み、古い建物や胡同が大量に取り壊された。高層ビルが何の遠慮もなく林立する今の様子からは、以前の風景はまったく想像できない。いったい同じ場所かどうかさえ疑わしくなるほどだ。その街並みのあまりの「記憶喪失ぶり」に、私の足は自ずと遠ざかっていた。

だが、古い街の記憶はそう一気に「リセット」できるものでもないのだろう。昨年の夏、胡同通の知人の紹介でその一角を訪れると、何とコンクリートジャングルの谷間に、ぽっかりタイムポケットが開いたかのように、明清期の建物が残っていた。

そこはかつての武定侯胡同（地図E）で、今は武定侯街と呼ばれていた。その名の由来は北側の二三番地に朱元璋とともに明王朝の礎を築いた開国の功臣、武定侯郭英の屋敷があったことだ。もっとも、武定侯胡同に郭英自身が住んだことはなく、屋敷はその死後に子孫が代々住んだものらしい。

郭英とは、明王朝の開祖、朱元璋に仕え、その建国を助けたとされる将軍だ。明の建国後、功臣がつぎつぎと粛清されていった中でも、何とか命を保った。武定侯として崇められ、その子孫も功臣の末裔として、権勢をほしいままにしたとされる。

六代目の郭勲の代になると、文化分野でも活躍し、各種の書籍を編集、刊行した。その中には、『三国志演義』や『水滸伝』などの通俗文学や戯曲なども含まれた。中でも貴重なのは、郭勲がその権力と財力を頼みに復刻した「郭武定本」の『水滸伝』だ。当時、権力に逆らう者たちを主人公にした『水滸伝』は禁書であったため、その復刻にはそれなりの勇気が必要であったに違いない。

次々と消える大将軍の庭

明代以来の配置や建築物を今も残すその屋敷は、大きく東と西に分かれていた。その大半は軍隊関係者用の敷地となっていて、入ることができなかったが、住民の了解を得て、東側にあった一部を参観することができた。あずまやは壁を付け足して「住居化」されていたものの、構造は古くからのもので、築山も明代のものだという。

それにしても、明代の庭園の建物越しに、金融街のピカピカの高層ビルが見えるのは、なかなかシュールな光景だった。いわば、日本橋のオフィス街のど真ん中に、突然ぽっかりと室町時代の庭園が残っているようなものだ。

だが、二〇一二年に訪ねた時の住民の話では、この古く類まれな歴史をもつ屋敷も近々、取り壊されてしまうという。別のある住民も、「すでに孤立した建物で、風水もずたずたに破壊されてしまっているから、残しておいても意味はない」と語った。確かに私も、周囲の環境とのあまりの落差から、この屋敷を残すのはかなり難しいだろうと思わずにいられなかった。かりに建物や庭を生かして超高級レストランを開いたとしても、一帯の地価からして、金の延べ棒でもステーキにしない限り、採算はとれそうにない。

二〇一三年の正月、心配になってふたたび訪ねてみると、まだ屋敷はかろうじて残っており、ほっと胸をなでおろした。

だが楽観はできなかった。実は武定侯胡同のすぐ北隣りにあり、やはり風前の灯となっている

◉武定侯の屋敷跡に残る築山とあずまや

大乗胡同には、民国期に活躍した将軍、宋哲元《そうてつげん》が住んでいたという屋敷がある。先回訪れた時はまだ残っていたその寓居周辺に、この時はすでに取り壊しのメスが入っており、武定侯の屋敷跡の余生もそう長くはないものと思われた。

それにしても、武定侯の屋敷跡周辺が解放後も軍の関係者の家で占められ、それゆえにこれまで開発の手が届かず、奇跡的に残ってきた、というのは興味深い。やはり武人は武人を尊び守るものなのだろう。

実は大乗胡同沿いには、二〇〇八年にその生涯を終えるまで、武定侯郭英と同様、やはり「開国の功臣」である蕭克《しょうこく》将軍が住んでいた。解放後は国防部副部長などの要職につき、軍人教育の責任者として活躍した蕭克だが、大躍進や文化大革命の時期には不当な批判にさらされ、辛酸をなめたといわれている。そんな経験もあってか、蕭克は晩年、改革派、護憲派の雑誌『炎黄春秋』を強力にバックアップした。雑誌の発禁を食い止めることで、中国の現代史において不当に罪を着せられた者たちの名誉回復を促したのだ。蕭克はまた、戦後の中国が犯した政策上の誤りを公の場で果敢に指摘した人物でもあり、まさに学識のある将軍を表す「儒将」という名にふさわしかった。文学通でもあり、自作の小説が文学賞を獲得したりもしている。

思えば、郭英は開国直後の王朝につきもののすさまじい地位争いと粛清の波を切り抜けて余生を全うし、郭勳も不当な禁書扱いを被っていた名作の価値を信じ、その命脈をつなげた。そんな郭一家と蕭克将軍の屋敷が隣り合っていることには、運命の不思議な巡り合わせを感じる。

だが、私の強い関心をよそに、名将たちの屋敷の門は、固く冷たく閉ざされたままだった。激しい戦争をくぐり抜けた将軍たちの屋敷が、平和を謳歌している時代に滅亡の危機に直面している。タイムポケットはやがて固く閉じられ、次に訪れる時は、その位置さえ確認できなくなっているかもしれない。

2部

胡同を旅する

老北京、記憶の断片

悠久の年月を経て独特の余韻を奏でるようになった街並みが、その長い歴史と比すれば一瞬に過ぎぬほどの短い時間の間に破壊され、姿を消してしまう。それはたいへん心痛むことだ。正直なところ現在、胡同を歩くということは、そういう痛みと向き合うことではある。

思えば不思議な話で、そもそも私は、二〇世紀半ばまでは存在していた「北京城」、つまり城壁に囲まれた北京を見たことも、下町の娯楽地区、天橋の大道芸を楽しんだこともない。そこまで遡らずとも、胡同がまだ比較的完全な形で残っていた一九八〇年代の北京を熟知する方々にとってさえ、私の見てきた風景など「変わり果てた姿」なのかもしれない。

それでもなぜか私は、消えゆく記憶を掘り起こしたくてたまらなくなる。思えば、ここ数年で失われた、または形を変えたものの中には、伝統や歴史の痕跡だけでなく、価値観、生活スタイル、時間感覚など、じつにさまざまなものが含まれている。北京という街の記憶を掘り起こすことの意義は、むしろ激変を経た二一世紀の今の方が大きいはずだ。

やがて私は、胡同を歩きながら、さまざまな史料や物語、伝説、回想、住民たちの証言などを拾い集め、北京という街の記憶の、欠けるに任せたパズルのピースのような破片をつなぎ始めた。自分が透明になったように感じつつ、私は心に響くさまざまな痕跡に意識を集中させた。深入りすればするほど、それはけっして完成することはない作業のように思われた。

そんな風に集めた断片の一つ一つを書き残していこうと思う。

第4章 胡同の味

1 「小吃」が守る食の伝統

東西の雄、護国寺と隆福寺

胡同歩きはお腹が減る。そんな時、北京の伝統的で個性的な味をあれこれ体験できる「小吃《シャオチー》」(軽食、おやつ)の店は、とても便利だ。

胡同をてくてく歩いていると、時折、ショーウィンドウにお餅や饅頭、揚げ菓子のような食べ物がずらりと並んでいるのが目に入る。質素でローカルな匂いをプンプンと放っている店構えであることも多いため、最初はちょっと近寄りがたかったりする。だが実際に入ってみると、人気店の混みようは並みではない。最近はファースト・フード店の販売スタイルを導入しているチェーン店も多く、回転の早さは昼時の日本のラーメン屋といい勝負。カウンターに実物が並んでいるから、メニューも分かりやすい。もちろん、甘いと思っていたものがしょっぱかったり、餡が黒砂糖味だったりと、思いがけぬサプライズが待っていたりする。だから、いっそ、食べられないものは出てこない、と腹をくくるのが一番だ。店の掃除が行き届いていて、地元っ子で賑わっている店なら、衛生面も比較的安心できる場合が多い。

個人でやっている店やフードコート化している場合はもちろん、チェーン化している店でも、実は店によって少しずつ味や品揃えが違うことが多い。そして、どの店にも得意のメニューがある。かつてこういった小吃の店を開いていたのは、単品や少数の小吃のみを扱う露店が中心だった。そのため、解放後にいくつもの小吃の店が一つの国営店に統合された後も、各店はそれぞれ自慢の師匠やその技を抱えることになった。もとが露店や小食堂の食べ物だから、今も価格は良心的な場合が多い。お財布への負担も軽いため、自分好みの品と場所を探して歩くのは、街歩きの楽しみの一つだ。ポイントは、店構えに惑わされないこと。フードコートの一角の店でもおいしいことはあるし、門構えの豪華な店でもいまいちのことはある。

◉豆汁児（奥）セット

歴史を振り返っても、小吃店は小規模ならではの柔軟な経営を持ち味としており、そもそも、日本の縁日にあたる「廟会《ミャオホイ》」由来のものも多い。多くの露店が集まる「廟会」は、今でこそ北京では春節の時期にしか開かれないが、その昔はより頻繁に、定期的に開かれていた。そのうち、かつての内城で有名だったのは、東の隆福寺（地図B・隆福寺街近く）と西の護国寺（地図E・護国寺街近く）の廟会だ。寺の周辺が食料品、衣料品、生活用品、美術品などを売るさまざまな露店で埋まったという。次第に、本来の目的だったお寺詣りより、買い物を目的とする客が増えたというのも、十分うなずける。買い物に疲れたら、一休みしながら軽く腹ごしらえ、というパターンは今も昔も同じだ。そこで小吃の店も大繁盛した。その後、護国寺は寺の大半、隆福寺はそのほぼすべてが焼失し、廟会も消えたが、今でも地名としては残っていて、小吃店が集まるエリアとなっている。とりわけ護国寺の界隈は、小吃のレベルが高く、胡同も味わいあるものが集中しているので、散策すると楽しい。

宮廷系から廃物利用系まで

小吃は、その一つ一つがさまざまな伝説で彩られている。また、羊肉を好むイスラム系文化や清王朝の支配民族だった満族文化の要素が入っていたりして、文化的ルーツもいろいろだ。近年、大ブームを引き起こした「宮廷ヨーグルト」や、かの西太后にも愛されたという栗の粉を使ったお菓子「小窩頭《シャオウオトウ》」など、中には宮廷にルーツをたどることのできる小吃もある。

だが、現在残る小吃の多くは、やはりもともとは庶民向けの食べ物だ。緑豆ではるさめを作る時の残り汁が飲み物に発展した「豆汁児《ドウジー》」などが、その典型かもしれない。

「豆汁児」は健康に良いと信じられ、年中飲まれているが、とくに熱々の汁を夏に汗をかきながら飲むと、暑気あたりを防げると考えられていたらしい。発酵食品ならではの独特の酸味や臭いがあることから、今では北京っ子の中にも苦手な人は多いが、かつては満州貴族から一般庶民まで、広い範囲で愛されていたようだ。北京の風習を生き生きと小説に盛り込んだ老舍、有名な京劇俳優の梅蘭芳なども豆汁児の熱烈な愛好者だったことで知られる。梅蘭芳に至っては、上海滞在中、大瓶いっぱいに入れた豆汁児をわざわざ弟子に頼んで北京から運ばせた、という伝説さえまことしやかに伝えられている。当時、上海から北京まで、列車で三、四日はかかったことを思えば、かなり非現実的な話だが、北京の気候に慣れていた梅に、上海の暑さはずいぶん応えたであろうこと、そして京劇の衣装がその暑さをさらに倍増させたであろうことを思うと、あながち伝説とも言いきれない気がする。

現在は豆汁児を飲める店自体が減ってしまったが、いまだに、豆汁児を飲めるか否かを「老北

◉老舗「爆肚張」の四代目店長、張子安さん

京度」を測るバロメーターとする人は結構いる。確かに、北京っ子以外でこの飲み物が好きだという人に会うことは稀だ。わりと好物である私も、体調によってはあまり飲めない時がある。そんな時、これは舌ではなく胃で飲む飲み物だなとつくづく思う。

一方のモツ系については、モツを醤油で煮込んだ「炒肝児《チャオガー》」や、センマイなどの羊や牛のモツを軽く茹でたものを店特製のごまだれにつけて食べる「爆肚《バオドゥー》」などが、北京っ子の間で広く知られた名物小吃だ。いずれもいたって素朴な食べ物だが、それだけに素材選びやちょっとした味付けで、善し悪しがきっぱり分かれる。片栗粉の割合のちょうど良い炒肝児と肉まんの組み合わせは、胡同歩きの腹ごしらえにぴったりだし、臭みのない「爆肚」は、夜の一杯のおつまみとして、ビール派にも白酒《バイジウ》派にも愛されている。

もっとも、老北京の小吃の中には絶滅危惧種も少なくない。「果子乾《グオズガン》」や「羊霜腸《ヤンシュアンチャン》」などだ。果子乾は、レンコンの入った、サンザシ味の爽やかなデザートで、黄色と赤の色合いが可愛らしく、羊霜腸

◉茹でたセンマイをタレにつける爆肚

は、羊の腸に羊の血を入れて煮たもので、見た目より味はあっさりとしている。

前海のほとりにある清代創業の老舗、「爆肚張」は、爆肚が看板料理だが、果子乾のような希少種の小吃が食べられる数少ない店の一つでもある。四代目店主の張子安さんによれば、昔ながらの味を売りとする民営の小吃店は、解放前なら無数にあったが、現在は六〇軒ほどしか残っていないという。文革中に多くの小吃文化が消えたことが一因だが、張さんの店は当時、あえて休業することで荒波をくぐり抜け、伝統の味を守った。

2 老北京の台所事情

食事の基本を押さえる

近所に住むおばあさんとよもやま話をしていた時、「私はお米のご飯が嫌い」と言われて驚いたことがある。子供の頃、河北省で育ったというそのおばあさんは、確かに無類の麺好きらしい。だが、いかに麺好きといっても、米のご飯が「嫌い」とまで断言する人に会うことは、日本ではめったにない。

北京暮らしで最初に慣れなくてはならないこと、それは粉食文化圏だということだ。粉物料理といっても、麺類や餃子や前述の焼餅、そしてあれこれ具が入ったクレープ風の「餅《ビン》」類ならまだいい。トウモロコシやアワの粉を使ったパンも新鮮味がある。単独でおいしく食べられるからだ。問題は中国風蒸しパンの「饅頭《マントウ》」だ。

マントウは、ほとんどが小麦粉だけでできている。だから、できたてのホヤホヤならおいしいが、少し経ってパサパサしてくると、水分なしには喉を通らない。だが一個五角（当時約八円弱）前後というマントウの異常な安さは、私にソ連のパンを連想させた。民衆の不満を抑えるため、どんなインフレが起きても中国政府はマントウの値段だけは上げさせないのではないだろうか。そう思いこんだ私は、貧乏生活の友だとばかり、マントウとの格闘を続けた。

「民は食をもって天となす」という中国の言い方がある。つまり、民にとって食料は何より大事なものだから、民を治めるには食料の安定した確保が欠かせない。中でも主食となる穀物の管理は、今も昔もとくに重視された。

その名残を地名から読みとれるのが、前門の大柵欄から南に延びる糧食店街（地図C）だ。その名の通り、清朝の頃には糧食、つまり穀物や豆、芋類の市があった場所だ。解放後、配給制の時代が訪れて

◉マントウは熱々が一番

も、糧食店街は「糧食」の発給場所として活躍した。毎月の給料日には長蛇の列ができたという。

　無視できないのは、この通りに、明代創業の老舗漬物屋、「六必居」があることだ。穀物街に六必居、この組み合わせの妙に気付いたのは、北京っ子の友人に勧められ、マントウに漬物を添えるようになってからだった。北京の漬物には塩っ辛いものが多いが、量り売りもしているので、少量でも買える。ちょっとパサついたマントウでも、青唐辛子や細切り大根の漬物と一緒に食べると、ずっと征服しやすい。これにアワの粥がつけばなおよく、食文化の善し悪しは単品では分からない、とつくづく思う。

　ちなみに、「炸醤麺《ザージャンメン》」は、夏になると北京っ子たちが頻繁に食べる麺だが、六必居はこの料理に欠かせない北京風八丁味噌のメーカーとしても、北京で一、二の地位を争っている。こちらについても、この店が小麦粉を扱っていた「糧食」店街にある合理性は、言わずもがなだ。

　この六必居に関しては、こんな伝説が伝わっている。創業者である趙氏の商才によってどんどんと拡大した店は、昔の小さな看板がつりあわなくなった。そこで趙は心中、かつての常連客で

◉漬物や味噌を扱う老舗、六必居

あった有名な奸臣、厳嵩《げんすう》に一筆頼みたいと願ったが、厳嵩はすでに出世していて、漬物屋の看板のことなど構うはずもない。そこでまず厳嵩の夫人に相談すると、夫人は一策を講じ、厳嵩の前で「六必居」の三文字を繰り返し練習した。その字があまりにも下手なのを見かねた厳嵩は、夫人に手本を示した。その手本が現在使われている看板の字になったという。

著名人の筆でありながら、落款がないのはそのためだ。今も庶民的な値段で昔ながらの漬物を売る六必居には、そんなとんち話めいた伝説がよく似合う。

隊商を守った用心棒

もう一つ、この糧食店街には、かつての北京の商業文化と深く結び付いていた存在の痕跡がある。それは清代の会友鏢局跡だ。その威風ある、いかにも堅固そうな建物は、再開発で周囲の風景ががらりと変わった後も、何とか昔の面影を留めている。

鏢局とはいわば用心棒の詰所だ。民国期初頭ぐらいまでは、輸送システムが今ほど発達していなかったため、商品や金銭の輸送はつねに危険と隣り合わせだった。だから、金持ち商人らが金銭や物資など

◉糧食店街の店舗跡。洋風ファサードを復元

を運搬する際は、鏢局で用心棒を雇うことが欠かせなかった。彼らは盗賊と通じており、事前に輸送ルートを縄張りとする盗賊を買収することで、輸送の安全を確保したといわれている。

ビロードで駱駝のぬいぐるみを作るのが得意だった工芸作家の唐啓良《タンチーリャン》さんを訪ねた時、唐さんは自らが子供だった一九三〇年代を回想し、「あの頃は、駱駝が北京やその周辺にたくさんいたんだよ」と語ってくれた。首に大きな鈴をつけ、ガランガランと音を立てながら駱駝たちが北京の城門を出入りした風景は、まさにシルクロードのイメージにつながる。

駱駝たちが闊歩した様子は、当時を描いた小説などからも想像できる。とりわけ印象的なのは、台湾に渡った作家の林海音《リンハイイン》が北京での幼少時代を情緒たっぷりに語った小説、『城南旧事』の中の石炭を運ぶキャラバンをめぐる一節だ。家の前に止まった駱駝のキャラバンに大きな興味を示し、「どうして鈴をつけなくてはいけないの」と問う娘、英子に父親はこう答える。「駱駝は狼を恐れる。狼は彼らに噛みつくからね。だから人間は鈴をつけるんだ。狼は鈴の音を耳にすると、人間が保護しているのだと知り、襲わないのだよ」。行商人たちは金や品物だけでなく、駱駝も大事に守りながら、旅をしていたのだろう。

◉糧食店街の鏢局跡

◉取り壊される前の果子胡同。「順昌果店」はかつての四大果物店の一つ

その後、鉄道等の発達により隊商たちは姿を消し、用心棒たちも職を失った。彼らを実際に目にした老人たちも、ここ一〇年ほどでどんどんと減り、唐啓良さんも二〇一一年に九〇歳で亡くなった。今は、唐さんの作っていた駱駝の生き生きとして愛らしい様子が懐かしく思い出されるばかりだ。

時代の変わり目とはいえ、駱駝のキャラバンが活躍したであろう時代の、気の遠くなるような長さを考えると、二〇世紀という時代が経た変化のすさまじさを思わずにはいられない。

果物胡同の豊かな時間

最近の都心部ではさすがに減ったが、北京の街角では今でもごくたまに、馬車が果物を山のように積んで売っている光景が見られる。

近代的なビルが立ち並び、大量の自動車が行き交う都市の中にいきなり前近代的交通手段が飛び込んでくるのだから、何ともシュールだ。よく交通警察の目をかいくぐったものだと感心したり、固いコンクリートの道を排気ガスを吸いながら歩く馬が気の毒になったりする。

もっとも、彼らと出くわすのがふと胡同を曲がった瞬間だったりすると、そういえば彼らの方が古顔だったと感じ、ついおかえりなさい、と言いたくなる。まるで時間をワープして来たかのようで、メロンやスイカなど、丸くて甘い果物を売っていることが多いのも、メルヘンチックでいい。

馬車には出会えなくても、胡同での買い物で一番楽しいのは、やはり果物選びかもしれない。市場に色も形も可愛らしい旬の果物がずらりと山盛りになって並ぶ様子はどこか夢を誘うし、冷蔵されていないから、香りも強い。中国では八百屋や肉屋は早々と店じまいしても、なぜか果物屋だけは夜遅くまで開いている。裸電球にライトアップされたリンゴやオレンジはなぜか昼間よりずっと魅力的に見え、つい足を停めることになる。

昔の北京でも果物は大人気だったようだ。例えば、前門大街の東には、かつて果子胡同と呼ばれる胡同があった。果子は果物を指すので、いわば果物横丁だ。かつてここには老北京の二大果物市場の一つがあり、四大果物業者を含む六〇組以上の卸売業者が大集合していた。彼らは柿、梨、サンザシ、クルミなど、果物の種類ごとに市を立てたが、いずれもまず専門の売り場に行き、宮廷関係者に最高級の品を選ばせることを義務付けられていたという。まさに、天下の美味が

◉今は消えてしまった果子巷の風景

集った皇帝の都ならではのしきたりだ。

また、騾馬市大街の南にも、「果子巷」（地図D）と呼ばれる胡同がのびていた。やはり最盛期には四〇以上の果物店が集まり、一年中賑わっていたという。だが新中国が成立すると、市場は永定門外へと移されてしまった。

実はこの果子巷は、私にとって南城でもとりわけ味わい深く感じる胡同の一つだった。狭い胡同の両脇には、軽食である小吃や日用品などを扱う小さな店が並んでいて、たいへん賑やかだ。なのに、ある家の軒下をふと見ると、近所のおじさんたちが真剣に将棋を指している。その周りを駆け回っているのは、やんちゃで人懐っこい子供たち。しかもその輪をのぞくと、昭和生まれの私にとってはちょっと懐かしい、メンコやゴム飛びなどをしていたりする。

そこには、かつてはどこにでもあったはずの風景がまだしっかりと残っていた。訪れるたびに心が和んだのは、効率と経済性重視の風潮が急速に浸透しつつあった北京にあって、まだゆるやかで豊かな時間の流れが残っていたからだろう。もちろん、住民の中には失業者や、日々の生活のプレッシャーに喘いでいた人もいるはずだった。だが、それとは別の次元の、お金で買えない何かを彼らは存分に享受していた、と今でも私は信じている。

だが、二〇一一年初頭になると、胡同の取り壊しが始まり、シンボルであった果子巷の市場の看板も消えた。果物の香りなど遥かかなたに消え、鼻をくすぐるのは、ただ荒々しい取り壊しが生んだ土埃ばかりとなった。二〇一四年現在、この胡同はもう存在していない。

羊肉を買うならムスリム街へ

秋から冬にかけての北京の味覚といえば何と言っても「火鍋《フォグオ》」（羊肉シャブシャブ）だ。元は遊牧民の料理だったとされているが、今ではすっかり北京の料理として定着している。

やや年配の北京っ子には羊肉好きが少なくない。それにはどうも、文革以前の体験が影響しているようだ。当時は羊肉も豚肉も配給切符制だった。回族などのイスラム教徒は宗旨上豚肉が食べられない。そこで、豚肉切符の代わりとして、羊肉切符が優先的かつ排他的にイスラム系の民族に配られた。つまり、イスラム教徒でない人々は、特権階級でもない限り、いくらお金を積んでも羊肉は手に入らなかったことになる。高嶺の花だったものが手に入るようになると、格別ありがたく感じるのは人の常だ。つまり、現在の中高年北京っ子の羊肉好きは、「会えない時間」に育てられた愛だといえる。

そもそも一三、一四世紀の元の時代、トルコやイランやアラビアなどの西南アジア系の諸民族は「色目人」としてモンゴル族に次ぐ準支配階級に置かれた。その元の首都、大都が今の北京の前身だということもあり、北京の街と羊肉はとても深い縁で結ばれてきた。北京の昔の地図を眺めていると、「羊肉胡同《ヤンローフートン》」が少なくとも五つは見つかる。現存するもっとも古い一本は、現在の「西四」付近を東西に走る羊肉胡同（地図E）だ。元の大都の時代からあり、元の時代には鼓楼・鐘楼一帯、灯市口大街とならぶ、三大繁華街の一つだった。

だが、北京で羊肉といえば、今は何といっても「牛街《ニウジェ》」（地図D）が有名だ。回族やウイグル族などが数多く住むムスリム街で、その名の通り、良質な牛肉や羊肉の集積地として知られている。

ちなみに、私が北京で最初に目にした胡同地区の大変貌は、牛街のそれだった。ほんの数三、四年の

◉輸入胡同の牛・羊肉店

うちに、細い胡同が大通りに変わり、一面の平屋がビルやマンションの群れに変わったのを目にした時の非現実感は強烈で、私はどんなCG画像も敵わないほどの視覚的ショックを受けた。古い地図に見られる、熟肉《シューロー》胡同、生肉《シェンロー》胡同などの、かつて牛や羊の肉と関係の深かった胡同のうち、唯一残ったのは、熟肉《シューロー》胡同の音が変化した輸入《シュールー》胡同のみで、それも地名だけだった。

ただ幸いにも、同じく再開発の波にさらわれた魏公村の通称「新疆村」などとは違い、牛街のムスリム街としての特徴は、再開発後もかなりの程度保たれた。今でも牛街の人気レストランで食べる羊肉料理はとびきりおいしいし、有名な羊肉屋の前には行列ができる。北京っ子は彼らが仕入れる羊肉の質と衛生的な処理の仕方に絶大な信頼を置いているからだ。

私も羊肉を買う時はよく回族が営む、昔ながらの羊肉店に行くが、最初は少し勇気が要った。何せ、店にはほぼ一頭丸ごとに近い羊の肉の塊がいくつもぶら下がっていたのだ。いかにも鋭そうな包丁を持った店員に「どこがほしい?」と聞かれると、私は怯んだ。幸い、すぐに「何を作

◉牛街のイスラム寺院、礼拝寺前

るんだ」と尋ねてくれたので、おずおずと「煮物」と答える。すると、店員は分かったという風に頷き、煮物に適した部位を器用な手つきで切り取ってくれた。

羊本来の形を残している肉塊から肉を切り取る、というのは視覚的には抵抗がある。だがその一方で、必要な個所を必要なだけ切る、という売り方は、羊を尊重しているようにも感じた。不思議と、買う方も「お肉をいただいています」という気持ちになるのだ。

第5章 趣味人たちの都

1 路地に響く美声

アヒルもウサギもカメも闊歩

胡同を歩いていると、さまざまなペットに出会う。犬や猫はもちろん、小鳥、ウサギ、アヒル、ニワトリ、ウズラ、カメ、果てはヒツジにまで出くわすこともある。飼い主に聞くと、ニワトリやウズラはその卵も大事なお目当てということだったが、アヒルはあくまでペットだった。ただ、ヒツジがその後どうなったのかは、ちょっと分からない。

文化が爛熟した都市ほど、自然と触れ合いたい、という人も多いものだ。老北京の動物好きもその一つの表れだろう。

とくに、鳴き声の美しい小鳥は、胡同や四合院の風景を音で彩ってくれるため、いつの時代も人気の的だ。かつて北京の趣味人は、一羽の鳥に十何種類もの鳥の鳴き声を覚えさせて愉しんだという。

そもそも木の多い胡同は小鳥との相性が良く、自然に生息している鳥も多い。彼らの声を近くで聴けることは、胡同に住む大きな楽しみでもある。とりわけ鼓楼東南の景陽胡同に住んでいた頃は木の下に住んでいたこともあって、すぐ上から降り注ぐ小鳥のさえずりに心洗われた。

胡同では、鳥籠の鳥もどこか悠然としている。よく籠ごと日向ぼっこをしているのは、緑豊かで人通りも少ない胡同で、野生の精気を取り戻すためだろう。まさに我こそが主《あるじ》といった風情で、脇で番をしている飼い主がその従僕のように見えてくる。もっとも、イタチや野良猫が走り回り、飼い猫さえだいぶ野性化している胡同では、食物連鎖も健在なので、飼い主は細心の注意を払わねばならない。

日向ぼっこ組の常連にはモノマネ上手な九官鳥もいる。ある日、胡同を歩いていると、鳥籠がズラリと三つ、四つ並んでいて、九官鳥たちが代わる代わる「あんたは何でいつもそうなの！」と、不満げに叫んでいた。母親が夫や子供をたしなめるようなその声色から、飼い主一家の日常が想像され、つい笑い出してしまった。

二〇〇八年初頭に、北京っ子に人気のあった画眉鳥《がびちょう》（目の周りに白いふち取りの入った鳴き声の美しい小鳥）や九官鳥などが保護動物として売買を禁止されると、彼らを胡同で見かける機会は減っていった。だが、鳥を飼う文化はまだまだ健在だ。鳥かごをゆすって歩き、鳥の足腰を鍛える「遛鳥《リウニャオ》」と呼ばれる習慣、公園の一角に各自自慢の鳥が入った鳥かごを持ち寄って鳴き声を競い合わせる風習などを見かけると、北京の鳥好きたちの情熱はまだけっして衰えていないのを感じる。

とはいえ、胡同の取り壊しや自動車の増加は、彼らの生存の余地をも明らかに縮めている。ある日、合計八車線ある二環路を自転車で走っていると、少し広めの中央分離帯の緑地から、どう考えても鳥の声を競わせているらしき音色が響いてきて驚いた。両側は車の洪水だから、当然空気はかなり悪いが、周囲には静かな胡同がなくなってしまったので、他にいい場所がないのだろう。思えば、二環路はかつて美しい城壁が延々と続いていた所だ。半世紀前なら鳥たちも壁のふもとで気持ちよく鳴けただろうに、と少し哀しくなった。

こおろぎに七つの錠

秋風が吹くと、北京でもこおろぎやきりぎりすが秋の曲を奏で始める。いずれも北京っ子に大人気の虫で、北京の言葉でこおろぎは蛐蛐児《チューチュー》、キリギリスは蟈蟈児《グオーグオー》。子供や女性の名も含め、中国語では親しみが感じられるものに音が重なる名前をつけることが多いが、動物の総称に使うのはめずらしい。これはやはり、こおろぎやきりぎりすが北京でいかに愛されているかの証しのように思う。

もっとも、多くの北京っ子にとっては、こおろぎは演奏家としてより、むしろ「こおろぎ相撲」を闘う力士として人気だ。若干のお金を賭ける人も多く、物価の上昇に合わせるように、投

◉官園市場にて。越冬きりぎりすを売る人々

入額も上がっているのだそうだ。隠れたところでは、何万元もするこおろぎ同士を闘わせる大規模な賭博も行われているらしい。こちらの場合は虫のドーピングも多いため、噂によると大決戦前のこおろぎ力士は、試合の一週間前に棚に入れられ、七つの錠をかけられるという。七つの鍵は七人に別々に預けられるため、その七人が揃わないとこおろぎは出られない。たぶんその一週間、一番お気楽に生きているのはこおろぎ自身だろう。

その真偽はさておき、こおろぎ賭博は昔からさまざまな悲喜劇を生んできたようで、胡同を歩いているとよく、「昔、あの家の主人は、隣りの家の主人とのこおろぎ相撲に負けちゃって、家を明け渡さなきゃならなくなったんだ」といった類の噂話を聞く。

そんな熱狂的なこおろぎ相撲ファンが「力

士」を仕入れる場所として長らく名を馳せたのが、西二環路のそばにあり、魚や鳥獣の市場としても知られてきた官園《グアンユアン》市場（地図E）だ。

留学生時代、最初に官園市場を訪れた時のことは忘れられない。道に迷っていると、近所のお兄さんが、「今から俺も行くところだから」と自転車の後ろに私を乗せて送り届けてくれた。今思えば、たまたま会った男性の自転車の後ろに乗るなんて、二〇代の独身女性としては軽はずみな行為だったと思うが、その時はそのお兄さんの人の良さそうな様子に何の疑いも抱かなかった。あれほど無防備になれたのは、やはり官園一帯の空気に人を酔わせる何かがあったのだと思う。

そんな風にして出会った官園は長い間、その謎めいた「北京らしさ」によって、私を引き寄せ続けた。

官園ではいつも、狭い路地に沿って昆虫はもちろん、小鳥、うさぎ、猫、金魚、カメレオンなどの小動物が所狭しと並び、並みの動物園などよりよほど近距離から、訪れる客を見守っていた。檻や水槽が小さいので動物たちが気の毒になることは多かったが、売り子のいるスペースも彼らといい勝負の狭さだった。市場の猥雑さと動物園の娯楽性が絶妙にミックスされたところ、それがかつての官園市場であって、周辺の胡同が再開発で急速に失われていく中、北京っ子たちのオアシスとして、かろうじて昔ながらの庶民の活気を留め続けていた。

瓜畑が呼ぶこおろぎ魂

では官園とは、そもそもどんな場所だったのだろうか。

北京のお年寄りにこの官園《グアンユアン》のことを尋ねると、「瓜園《グアユアン》」と呼んでいるように聞こえる。これは聞き間違いでも言い間違いでもなく、今の官園の一帯にはかつて本当に官営の「瓜畑」があったからだ。

瓜畑があったところでこおろぎやきりぎりすの市が立っているというのは何だか面白いが、残念ながら今の官園で売られているこおろぎは何代遡っても「瓜園」の瓜は食べていない。現在、相撲に強いこおろぎとしてファンの間で人気なのは、山東産のこおろぎだからだ。

官園市場の周辺、宮門口四条、五条、青塔胡同などの胡同では、八月から一〇月にかけてこおろぎの買い手が最初の実力試しをする「選抜選」が行われる。いわば草相撲だから観戦も自由で、野次馬が次々とやってくる。地元の人によれば、この近所には少し前までこおろぎ賭博をする者たちのたまり場もあったのだとか。

もっとも、悪習との縁の深さや、都心の不動産価格の値上がりなどが影響し、北京オリンピックの直後、官園市場は大改造の対象になった。多くの店が移転を強いられると、往時の繁栄は見る影もなくなり、客足も激減した。現在は南三環路の十里河近くにある通称「十里河花鳥魚虫市場」などが、ペットファンの人気を集めている。

その後は廃れる一方の官園だが、不思議と今もこおろぎ力士の選抜戦は行われている。胡同が

◉きりぎりす売り

ただ延びているだけの場所で自然発生的に行われているのを見ると、官園には虫好きを呼んでやまない霊か何かがあるのでは、とさえ思えてくる。あるいは、やはり瓜畑跡でないとこおろぎ自身にもやる気が出ないのだろうか。

一方、鳴き声が売りのきりぎりすは、ペット市場はもちろん、あちこちの胡同にも行商人が売り歩きに来る。彼らの売るきりぎりすはたいてい、昆虫の複眼のような網の目の球状の籠に、一匹ずつまるで鈴の珠のように入っている。それが言葉通り棒に「鈴なり」になって自転車で移動してくるので、かなりの大音量で、インパクトたっぷりだ。もっとも、声を嗄らす必要も、楽器を鳴らす必要もないから、呼び売りにとっては、一番売るのが楽な商品だろう。実際私も買ってみたが、元気が良すぎてあまりにうるさいので参った。きりぎりすが弱ってくると、これで近所迷惑にならずに済む、とほっとしたほどだった。

人の体温でぬくぬく

虫で遊ぶ文化は確かに興味をそそるが、ファンたちがなぜあそこまで熱中するのかについては、最初の頃、私もあまり理解できなかった。とくにこおろぎ相撲に大金をつぎ込む心理が謎だった。闘いぶりを見ているのはたしかにちょっとハラハラする。だがどんなに強かろうと相手は虫だし、負けたこおろぎが逃げ回る様子は、見ていてかわいそうだ。

こおろぎ相撲がこおろぎ通を惹きつけてやまない魅力については、今でも分かったとはいえない。だがその後、別の面から、その人気の理由が分かるような気がしてきた。

中国では一九七〇年代以前生まれの中高年世代は子供の頃、娯楽が少なく、今のようなおもちゃにも恵まれなかった。そんな彼ら、とくに男の子にとっては、昆虫は最高のおもちゃだったようだ。中でも心から感情移入できるヒーロー的存在はこおろぎ以外にあまりなかったのだろう。日本の同世代の男の子たちがウルトラマンや仮面ライダーやガンダムなどに注いでいた愛情を、すべてこおろぎが担ったのだとしたら、その思い入れの強さも理解できなくはない。北京で生まれ育った夫によると、子供の頃、こおろぎやトンボなどの昆虫がいなくなる晩秋になると、いつも言うに言われぬ寂しさを覚えたそうだ。

北京っ子の多く残る地区でレストランなどに入ると、男性の服の前の部分が、巨大なこぶでもできたように盛り上がっているのを目にすることがある。まるで女性のおっぱいのようにも見えるそのこぶの正体は、「過冬蟈蟈（越冬きりぎりす）」だ。秋のきりぎりすの中から、強壮なタイプのものを選び、専用の容器やひょうたんに入れて体に密着させ、寒さから守るのがマニアの流儀。長寿のものは、翌年の清明節（四月五日前後）あたりまで長生きするという。

彼らのぽっこりと膨らんだセーターは、冬がくる寂しさを紛らわそうと試行錯誤してきた北京っ子たちのあくなき奮闘の象徴だ。ファッションより虫優先、なのではなく、そのユニークな姿こそが、「趣味にすべてを賭ける」彼らのファッションなのだろう。

2 骨董の都の賑わい

ボロボロの家にお宝が

ローマ通の友人によると、胡同を歩いていると、ローマの遺跡を歩いているような気分になるそうだ。私も胡同にいると、多少壁が風化していたり、門が古びたりしているからこそ醸し出される、やんごとなき威厳を感じることがある。かりに表面はあれこれ化粧直しをされていても、一皮むけば昔の建物が顔を見せるというような重厚感が、確かに胡同にはある。そもそも胡同自体が、住む人によってどんどんと使い古されては補《おぎな》われていく骨董品のようなものだ。

もちろん、胡同の奥にも骨董はたくさん隠れている。

ある骨董商のおじいさんの家に遊びに行った時のこと。家の奥から次々と明や清の書画や陶磁器が出てくるのでびっくりした。私には知識も買う気も財力もまるでないことは知っているはずだが、見せたくてしかたないらしい。皇帝直筆の書や名家の手による水墨画などを広げて蘊蓄を話してくれたのは良かったが、正直なところ、むしろ私の印象に残ったのは、そのおじいさん自身の着ている服がヨレヨレで、住んでいる家もその宝物とはとうてい釣り合わぬボロボロの建物だったこと。最初は骨董好きが高じて他の事はどうでも良くなったのだろう、と思った。だが、実はどうもそれだけではなく、家が治安の悪い地区にあるので、泥棒に目をつけられないように、という心配りもあったようだ。いわば、「本物」を持っているからこそのカモフラージュだった。

実は北京ではこういった骨董マニアに出会うことはよくあり、その都度、ああここはやはりいろんな趣味人が集ってきた都なんだな、と感じる。文革の嵐も、趣味人たちの心に培われた骨董品への憧憬までは吹き飛ばしきれなかったようだ。実際、ここ十数年、中国の骨董ブームは衰えを知らず、テレビの「お宝鑑定」番組も不動の人気を保っている。

骨董市といえば、北京では歴史が古く規模も大きな潘家園の市場がメジャーだが、よりコアな骨董好きには、報国寺（地図D）の境内も有名だ。胡同歩きのついでに行けるし、建物こそ清代のものだが、創建は遼代という九〇〇年の古刹なので、さすがに雰囲気がある。市は毎日開かれ

◉報国寺の骨董市

ているが、木曜の朝はとくにいろいろな店が出るので賑やかだ。

ある日、この報国寺の骨董市で、この道十数年というおじさんに出会った。そのおじさんも例によって服は適当で、着古しすぎてテカテカになったベストを着ていた。骨董商になったきっかけを聞くと、「軽い気持ち」からだったそうだ。「小金が貯まったんで、商売でも始めようか、と思ったんだが、武器の売買をするにはコネが足りず、麻薬を売るには度胸が足りない。だから骨董商になったのさ」と冗談を飛ばす。最初の頃は、よく贋物をつかまされて大損をしたらしい。「そりゃ、つらかったさ。国営企業とかのお金じゃなくて、自分のお金だからね」。歯ぎしりする日々を過ごした後は、騙されまいと必死に勉強した。そのうちに、やめたくてもやめられなくなった。今では、「博打も女遊びもする暇がない」ほど、骨董に首ったけだ。

露店を出している人には若い人も多い。「失業中の若い人なんかもどんどんとはまりこんでいくよ。でも、金に困ってスリや泥棒になるよりはマシじゃないか」とおじさんは笑う。そこで私も、かねてから抱いていた素朴な疑問をぶつけてみた。

「そんなに入れこんでいるなら、なぜ最近の売り子はみな、自分が売っている品のことを知らないの」

「知らないわけないだろう？　蘊蓄を盗まれるのが怖いから、知らないふりをしてるだけさ」

今の中国の骨董市場は贋物で溢れていることで有名だ。だからこそ、本物の品を見分けるコツも、そう容易くは出せない秘蔵品になってしまったのだろう。

今の報国寺では、骨董品だけでなく、露店の出店権も売買されていて、しかもなかなか原価では手に入らないらしい。自分が店を出さない時の出店権を人に貸すぐらいならまだ分かるが、出店権のまた貸しだけで商売をしている者もいるのだとか。

北京の土地の利権争いは、ほんの一、二平方メートル単位の面積をも転がし回してしまう。北京では地に足のついた商売をするのも大変だ。

カンテラが照らした道

骨董業界の闇は歴史を遡るとさらに深くなる。それを象徴するのが、かつての北京に存在した

「鬼市」だ。夜明け前に盗品などの出所の怪しい品が売られた泥棒市で、骨董の掘り出し物を見つけようとする者たちが数多く集まった。一国の首都として貴賤さまざまな人々を受け入れてきた北京は、その生業についても、清濁併せ呑む大きな度量を具えていたようだ。

天壇公園の北の東暁市街（地図C）や鼓楼の西南の煙袋斜街（地図E）など、北京には鬼市が開かれたことで有名な胡同がいくつかある。そのうちの一つが、天壇の北東にのびる葱店街の鬼市だ。それまで人気を集めていた東暁市街の鬼市が東に移ったのが由来で、新中国の成立後に廃止されるまで、広く名を響かせていた。

かつて葱店後街（今の葱店西街・地図C）を埋め尽くした鬼市の露店は、北から南まで三〇〇メートルほどに及んだ。道の両側に布が敷きつめられ、その上をありとあらゆる品物が埋めたという。品は総じて安かった。骨董品だけでなく、古着を筆頭に各種の生活用品も売られ、食べ物を除けばないものはない、といわれたほどだった。

いつの時代も安さは大きな魅力だ。人々はこぞって円筒型のカンテラを提げて集い、お宝はないかと物色した。泥棒市が鬼市と呼ばれるようになったのは、遠くから見るとその明かりがまるで鬼火（人魂）のように見えたためだ。

民国期にこの鬼市が繁盛した理由は、国からの禄を失い、落ちぶれた貴族や名士などが、こっそりと家の財産を売りに出すのに、こういった鬼市が便利だったからといわれる。闇が彼らのプライバシーとメンツを守ったのだろう。

さすがに今の北京に表立った泥棒市はない。だが、日の出前に骨董市が立つ習慣は現在の北京でも受け継がれていて、潘家園の週末の骨董市などは、掘り出し物を探すなら、必ず夜明け前に懐中電灯をもって臨むべきだとされている。

地元のある老人の話によれば、かつての葱店では、裏の決まりで、どんな品も盗まれてから三日以内は売り出し禁止だったという。当時、泥棒界と巡査は裏でつながっていたが、勢力者から盗難事件の捜査を頼まれると、巡査も品を探し出さないわけにはいかなかったからだ。

市は夜中の二時前後に始まり、朝の八時頃には終了した。ほとんど年中無休で、小雨決行だった。しかも日中は煙草や茶葉、魚などを売る店が普通の商売を営んでいたという。もっとも、昼と夜の二つの世界が交わることは、まずなかった。鬼市での売り買いは、手のしぐさで価格が決められ、口頭では品は互いに「あげる」ものとされた。

どんなマーケットにも栄枯盛衰はつきものだ。新中国の建国とともに鬼市が姿を消してから、すでに半世紀が経つ。現在の葱店はこんもりと覆う木々の下で、かつての賑わいなど忘れたように、黙り込む

◉報国寺の骨董市。青銅器のレプリカを販売

ばかり。当時の様子を語れる住民たちも、すでにかなり高齢だ。かつてこの地を彷徨ったカンテラの火も、遠いホタル火のようにほのかな残像を残すだけとなってしまった。

骨董はワイロに最適？

一方、青空市場のような賑やかさはないが、歴史的な地位や知名度が高いのは、やはり北京を代表する琉璃廠だろう。清代の著名な文人から、近代の魯迅に至るまで、文化人や骨董好きの者で琉璃廠と縁がなかった人間はいないのでは、とさえ思われる。

琉璃廠（地図D）はその名の通り、かつて琉璃瓦が生産されていた場所だ。その後は書道用具や書籍や骨董を売る場として知られるようになった。もっとも、北京オリンピック前にだいぶやりすぎの大改修を経てからは、街全体がどこか作りものめいた、テーマ・パークのようになってしまった。

ここで数多くの骨董が扱われることになった理由については、次のように言い伝えられている。その昔、骨董集めに奔走することは、金と閑を持て余した者のすることで、官吏にとっては必ずしも体面のよいことではなかった。当時の骨董品の多くは、純粋な趣味としてより、むしろ賄賂や蓄財のために取引されることが多かったからだ。一方、琉璃廠は科挙の受験生を相手に文具や書籍を売るような、文化の香り高い場所だった。そんな琉璃廠のイメージは、下心から骨董を漁る人々の行為をうまくベールで包んだ。つまり、琉璃廠でぶらつくことは、かりに目的が骨董であっても、体裁がよかったのだ。その結果、琉璃廠では骨董店が急増。解放直後の一九五〇年代には、その数は一二〇以上に上っていたという。

文化大革命中、骨董趣味が攻撃されると、琉璃廠の骨董店は寂れた。改革開放の時代に復活はするが、その後、オークション会社や新興の骨董商などが雨後のタケノコのごとく出現した結果、現在、骨董を買える場所は多様化している。だが、半世紀の沈黙を経て、昨今ふたたび賄賂用の古美術品が華やかに復活しているのは皮肉だ。古美術品は固定した価格をもたず、「趣味」の範囲で片づけられる上、投資価値も高いため、現金より贈る相手に喜ばれる。自宅の地下にお宝を並べた「隠し部屋」を持っているのが発見された地方幹部もいるらしい。いつの世も、背徳的な風習ほど、不死鳥のようにしぶとく蘇るものなのだろう。

◉整備された後の琉璃廠

第6章 華麗なる花柳界

1 色町の残り香——八大胡同

歓楽と欲望の街

政治と文化の都、北京は、欲望の都でもあり、その繁栄と爛熟の裏側に、さまざまな暗部をも抱えていた。

前門を代表する繁華街、大柵欄をずっと西に行くと、道端の店はしだいに、庶民的でどこかひなびた味わいを増していく。時代を若干遡るような感じで観音寺街を過ぎ、安旅館が目立つ一帯に出ると、そこはかつての「八大胡同」（地図D）の一角だ。

清の末期から民国期にかけて北京最大の色町だった八大胡同は、貴賎さまざまな人々の欲望や野望、陰謀、駆け引き、そして愛憎の舞台となった。その名の「八大」を具体的に八本の胡同にあてはめ、八大胡同の範囲を確定しようとする人もいるが、むしろ八は代表的ないくつかの胡同

◉旧八大胡同エリアに残る妓楼跡

を包括した概数だという解釈もある。ただ縁起とゴロが良いので八としているだけだ、というのだ。

つまり八大胡同とは、かつての江戸の吉原に匹敵するような遊郭街だったわけだが、実際にそこに集まっていた店の種類や格式はさまざまだったようだ。大きく分けると、上客の接待、および商人や政治家の談合などに使われ、いわば今の銀座の高級クラブのような役割を果たしたトップクラスの妓楼が「清吟《チンイン》小班《シャオバン》」。中級クラスで、良家のぼんぼんなどが遊蕩にふけったであろう中級クラスの遊女屋が「茶室《シャーシー》」。単なる売春宿で、客層も貧しい人に限られていたのが「下処《シアチュー》」などだった。これらは、それぞれ相応するクラスの芸妓や妓女を抱え、時には遊覧船の上で営業したり、出張サービスをしたりしながら、各自のやり方で経営を行っていた。

八大胡同がこの場所で発達した理由は、やはり前門との位置の近さにあるようだ。かつて北京随一の繁華街であった前門には、有力な商家が何軒も並んでいた。当然、さまざまな商人がそこに集まり、商談を行っていたわけだが、大口の取引をモノにしたければ、懇ろな接待は不可欠だ。そんな需要に、料亭や妓楼が集まる八大胡同はみごとに応えた。その繁盛ぶりは、前門の老舗商店の主たちも、嫉妬の目を向けるほどだったという。

八大胡同の成立は明代にまで遡るとされるが、そもそも北京の有名な色町は、元から清の中期にかけては、内城、つまり現在の二環路内にあった。だが王朝の力が緩んだ清末になると、清政府は遊郭街の内城内での拡大を嫌い、その営業を内城外に限った。この経緯が、八大胡同の発展を有利にしたのは言うまでもない。

◉「聚宝茶室」跡。2等妓楼だが凝った作りで保存状態もよい

遊郭文化は日中共通？

もっとも興味深いのは、八大胡同は清の中期、同地区内の韓家潭胡同（現在の韓家胡同）にあっ

た男娼窟の数々、つまり江戸風に言えば陰間茶屋によって、隆盛の礎を築いたといわれていることだ。そもそも、清朝の最盛期を築いた乾隆帝が美男子好みだったことはよく知られている。女性の売春に関してはしばしば規制を加えた清王朝も、男娼に関してはほぼ野放しだったようだ。ちなみに、江戸の陰間茶屋が成立したのも一七世紀末の元禄時代だ。つまり八大胡同での男娼窟の隆盛と時間的にリンクしており、もしかしたら、男娼窟通いは当時、国境を超えた、一種の流行だったのかもしれない。

当時の八大胡同はまた、賭博や阿片の横行した場所でもあった。資料を見ながら歩いてみると、戦中に日本人が経営していたという賭博場跡なども見つかり、ドキリとさせられる。日本人がオーナーの阿片窟も多かったようだ。もちろん清末以降、法の上では中国でも阿片の売買は禁じられていた。だが、拘束は緩かったようで、阿片商人たちは、新聞に挟み、いわば宅配を装って、買い手の家に何気なく阿片を届けさせたという。

そんな八大胡同の一帯を歩いていると、今でも、遊郭や賭博場跡の特色ある建物をあちこちで目にす

◉妓楼「聚宝茶室」跡の２階部分

ることができる。いずれも、あまりおおっぴらに財力を誇示できない商売のせいか、外側は四角張っていて無愛想だ。だが入ってみると、内側は意外と変化に富んでいる。

遊郭跡にせよ賭博場跡にせよ、その多くは残念ながら老朽化や風化に任されたままか、かなり恣意的に改造されている。また、その多くは雑居状態のため、共用スペースに多くの生活用品が置かれ、本来の姿が想像しにくくなっている。だが、比較的保存状態が良く、全体の構造がはっきりと分かるものもないわけではない。その典型的なものは二階建てで、真ん中に吹き抜けの中庭があり、一階、二階とも四方の壁沿いには小さめの部屋がずらりと並んでいる。二階部分をぐるりと囲む欄干つき回廊から中庭を眺め下ろせるようになっているのは、一説では、都合の悪い者が侵入してきた時、上から熱湯を注いで追っ払うためらしい。

もっとも、中庭プラス回廊という構造自体は、他の商業建築にも見られるもので、カンフー映画によく出てくる料理屋などと似ている。ではどこに遊郭らしさを感じるかというと、むしろ階段かもしれない。中庭の短い方の辺の中央にYの字型についている階段を見つけると、華やかな装いをした妓女たちがそこから降りてくる様子が、おぼろげながら脳裏に浮かぶ。

実は偶然だが、京都に住んでいた学生時代、私はどうも遊郭跡らしき建物に下宿していた時期がある。その構造が、Y字型の階段の付け方も含め、八大胡同の典型的な妓楼跡とたいへん似ていたことに気付いた時、はっとした。北京の四合院と日本家屋を比べてもあまり似ているとは思えないだけに、日中の遊郭の不思議な共通性は興味深い。

凄腕実業家、金秀卿

前述の通り、前門一帯ではかつて銭湯文化が栄えた。それは隣接する八大胡同でも同じで、今もムスリム系銭湯だった「一品香浴池」の門に残る美しい彫刻などに、その繁栄の名残を感じることができる。

もっとも、ゆったりと広い湯船での入浴を楽しめたのは殿方だけの話で、かつての北京の銭湯には女湯はなかった。下賤な身分とされていた妓女の入浴できる場所などはもってのほか。そこで羽振りのよかった妓女、金秀卿《ジンシウチン》が、一帯で暮らす妓女たちの生活の便のため、一九一四年、鉄樹斜街に建てたのが、北京初の女性用銭湯、「潤身女浴所」だ。

だが最初は人気を集めた潤身女浴所も、ライバルが出現すると、経営が傾き始めた。そこで機を見るに敏な金秀卿は、新たなビジネスを取り入れ、トルコ風サウナを設置した。やがて、フランスから輸入したさまざまな化粧品も扱い始める。ハイエンドな文化を取り入れて顧客層を富裕層に特化すること

◉「潤身女浴所」があった鉄樹斜街

で、起死回生を図ったのだった。その企みは成功し、「潤身女浴所」は今度は高級な化粧品店兼スパとして人気を集めた。

　残念ながら、現在その跡地を訪ねても、建物の外側がかろうじて残っているだけで、その繁栄の痕跡は影も形もない。

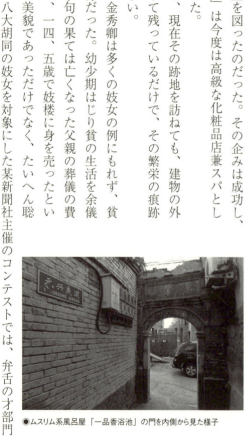

　そもそも、金秀卿は多くの妓女の例にもれず、貧しい家の出身だった。幼少期はじり貧の生活を余儀なくされ、挙句の果ては亡くなった父親の葬儀の費用を出すため、一四、五歳で妓楼に身を売ったといわれている。美貌であっただけでなく、たいへん聡明でもあり、八大胡同の妓女を対象にした某新聞社主催のコンテストでは、弁舌の才部門の最高賞を獲得し、才色兼備の名花魁として名を馳せた。ただ華やかな評判とは裏腹に、内心は貧しくとも愛情ある結婚を望み、やがてへそくりを貧しい琴の師匠に渡すと、自分を身受けさせる。花柳界での派手な生活を棄てた後に着手したのが、先ほどの妓女相手の銭湯業だった。

◉ムスリム系風呂屋「一品香浴池」の門を内側から見た様子

　金はまさに銭湯業に命をかけた一本気な女性だった。日本占領期には娘や夫を田舎に疎開させた上で、自分だけ北京に残って店を死守。さらには、日本には混浴型銭湯があると聞きつけると、かつてのライバル業者との共同出資で、北京にも同じような銭湯を開業させている。

もともと、年をとって客をとれなくなった妓女が、貯めた金で新たに妓楼を開き、元締めになる例は多かったといわれるが、いわば時代の変化や消費者の需要を鋭敏に嗅ぎとり、女性の力でしたたかに女性をターゲットにした事業を展開した金秀卿は、より本格的な女性起業家の草分けといえるかもしれない。解放後、「潤身女浴所」は「三八浴池」と改名された。三月八日の婦人デーに因んでだが、その巧みな命名からも、彼女の時代を読むしたたかさが感じられる。

金銭の力が常識を覆す例は今も巷に溢れている。とはいえ、金秀卿は何といっても、かつては低い身分に甘んぜざるを得なかった妓女だ。その彼女が、身を削るようにして蓄えた金で、女性も男性と同じように身を洗い清めるという、当然の権利を普及させたというのは、ちょっと痛快だ。金秀卿の起業家スピリットからは、妓女たちがけっしてただ下賤の身に甘んじるのではなく、生活を少しでも良くするため、奮闘し、助けあっていたことが伝わってくる。

だがもちろん、それはあくまで業界内での話だ。体の汚れはきれいに流し落とせても、春をひさいだ経歴をもつ限り、妓女らは世間からはしばしば、「汚らわしい存在」として扱われたことだろう。それでも銭湯にこだわり続け、妓女たちを、そして自分を含む大勢の女性たちを洗い続けた金の一生には、たくましさとともに、どうしても一抹の悲哀を感じずにはいられない。

2 歴史を変えた名妓

屈指の花町、陝西巷

この八大胡同の一帯を全部歩き通そうとすれば、範囲はあいまいだし、けっこう時間や体力も必要となる。だが、もし一カ所を選ぶとしたら、ぜひ見ておきたいのは、伝説の妓女、賽金花《サイジンホア》や小鳳仙《シャオフォンシェン》とゆかりの深い陝西巷（地図D）だ。ここはまた、高級妓楼が集まっていた場所でもあった。

陝西巷という地名は、今から六〇〇年近く前の明代の初期、陝西出身の木材商がこの一帯に木材を保管していたことに由来する。ちなみに、歴史ある胡同は北京に数あれど、この陝西巷のように、その名が北京城の建設以降、ずっと変わっていないというものは、少ない。

そもそもインテリの相手をすることも多かった中国の妓女には、詩や音楽、書画などに長けた者が少なくなかった。清代においても、およそ中期までは、その文化的素養は一定のレベルに保たれていたといわれる。とはいえ、彼女たちがつねに日陰の存在であり続けてきたことは否めない。とくに解放後は、旧社会の産物であって、存在すべきでない、更生が必要な恥ずかしい存在とされた。しばしば借金でがんじがらめにされていたとしても、彼女たちが一応は職業を持ち、経済的に自立した生活を営むキャリア・ウーマンだった、という側面に思い至る人は、まだまだ中国では少ないようだ。

二一世紀に入ると、妓楼や妓女にスポットを当てた一般書籍もようやく増え始めたが、それらを見ても、そういった評価の原則そのものは、あまり変わっていないように感じられる。

だがそんな中にあって、今も北京の人々の心の中に、圧倒的な存在感とある種の畏敬の念を残し続けている二人の妓女がいる。それが賽金花と小鳳仙だ。

外交手腕で北京を救う

賽金花は、蘇州育ちの妓女だ。一三歳の頃に半玉、「清倌《チングアン》」として遊船の上で働いていたところを、三四歳年上のエリート外交官、洪鈞《こうきん》に見染められ、その妾となる。洪鈞がロシア、ドイツ、オーストリア、オランダの四カ国の全権大使になると、賽金花は洪鈞夫人の名目で洪鈞に付き添い、ヨーロッパを歴遊。才知に富んだ女性として、ファースト・レディ並みの社交性を発揮したといわれる。そもそも洪鈞も、科挙を首席で合格した才子だったが、賽金花もそれに負けじとばかり、ベルリンに滞在した四年間に現地で雇ったメイドからドイツ語をマスターした。帰国後、洪鈞と死別すると、賽金花は花柳界に復帰する。だが、一九〇〇年の義和団事件のあおりで、ドイツ公使、ケットレルが殺されると、賽金花は驚きの外交手腕を発揮したのだった。

当時、ケットレル夫人は、夫の死に憤慨し、皇帝や皇后の謝罪まで要求していたが、それは当時の常識では到底無理な話だった。そこで、賽金花は流暢なドイツ語で夫人をなだめ、ケットレルの記念碑を建てることを提案。その内容はやがて条約にも組み込まれた。また同じ頃、偶然のいきさつで八カ国連合軍の司令官だったドイツ人、ワルデルゼーとも近づきになり、連合軍が北京市民に危害を加えるのを防いだ。こういった功績により、賽金花は北京市民の暗黙の支持を得ることになった。

賽金花のこのようなドラマチックで数奇な人生については、戯曲作家、夏衍《かえん》の作品や清末の曾樸の傑作小説『孽海花《げっかいか》』などを媒介にして、人々の間に広まった。救国の女傑としてのイメージもこの時に確立された。もっとも『孽海花』は、賽金花の生前に執筆されたにも関わらず、かなり脚色の多い小説だとされている。例えば作中では、欧州時代の賽金花を、浮き名を流した社交界の花として描いているが、そもそも賽金花は纏足をしており、社交界に不可欠のダンスさえろくに踊れなかった。

もっともその晩年、賽金花の人生はふたたび脚光を浴びた。詩人で北京大学教授でもあった劉半農とその学生が、彼女に取材して比較的史実に忠実な『賽金花本事』を書いたことがきっかけだった。この作品で賽金花は、西太后と「一朝一野」の形で並列されている。その実際の政治力はともかく、賽金花が人々の心の中に残した印象は、確かに西太后に負けぬほどパワフルなものだったのかもしれない。

賽金花をめぐる伝説は今もさまざまな形で受け継がれている。二〇一二年には、賽金花の人生を描いた舞台劇『風華絶代』の全国公演も実施された。奇しくも、主演はかつて西太后を演じた名優、劉暁慶《リウシャオチン》だった。

ハラハラの脱出劇

一方、義和団事件の年に生まれた、賽金花より一、二世代下の小鳳仙は、まさに人情厚く勇敢な献身によって歴史を変えた女性だった。その来歴には諸説あり、真実を探るのは難しいが、出身が浙江省銭塘《チェンタン》で、高い教養をもち、歌や詩や絵画にも長けた、多芸多才な女性であったことは確からしい。小鳳仙と恋人の蔡鍔《さいがく》の物語は、賽金花たちのそれと比べ、より典型的なロマンスだったといえる。三〇歳そこそこの蔡鍔がまだ十代だった小鳳仙に一目ぼれし、小鳳仙もまた、革命の大業に身を捧げる蔡鍔に惹かれ、命がけで彼を助けたからだ。

中華民国の成立後間もなく、雲南都督に任命された軍人蔡鍔は、清廉さで信望を集めていた。本来は袁世凱派だった蔡鍔だが、袁世凱が帝政の復活を試みはじめると、共和制をめざす梁啓超らと関係が近かったがために、袁の警戒の的になった。やがて袁世凱は蔡鍔を北京に呼び、実質上の軟禁状態にする。まだ三〇歳だった蔡鍔は、この時小鳳仙と出会い、深い仲となった。

だが時代は二人に残酷だった。袁世凱の魔の手を逃れるため、蔡鍔は日本への亡命を余儀なくされる。亡命の前夜、蔡鍔は陝西巷の遊郭、雲吉班の小鳳仙の元へ向かって助けを求めた。愛する蔡のため、小鳳仙は命がけの一策を講じる。ちょうどその日は別の妓女の誕生日だったため、小鳳仙は、祝いの宴会を装い、わざと窓を開け放つと、蔡鍔の服や帽子を目立つように掛けた。蔡鍔が派手な酒色の宴に耽っている風を装うためだ。そして、宴会の賑わいに紛れて蔡鍔を外に連れ出すと、見張りの目をごまかしつつ、北京駅へと送り届けたのだった。

だが、この脱出劇には次のようなバージョンもある。その日は、雪が降っていた。そこで、小鳳仙は蔡鍔を連れて意気揚々と門を出ると、「雪の中で咲く梅」を観賞するために、郊外へ出かけると言い放った。その言葉通り、馬車で八大胡同を駆け抜けた二人は、郊外へ向かう風を装う。だが実際は、北京駅を過ぎる辺りで馬車から跳び下り、天津行きの列車に飛び乗った。（肖復興『八大胡同捌章』より）。

◉楡樹巷に残る悦香院跡

いずれの説もあまりにドラマチックなので、若干の脚色はあるかもしれない。だが少なくとも、以下のことは確かなようだ。一つは、当時の蔡鍔が陥っていた境地を思うと、彼は確かに小鳳仙の助けなしには北京を脱出できなかったであろうこと。そして二人が陝西巷、あるいは天津行きの列車の中で、相手の今後を心配し、断腸の思いで別れを告げあったに違いないことだ。

日本に渡った蔡鍔は、その後さらに雲南へと戻り、護国軍を組織して、ついに袁世凱の討伐を果たした。もっとも、その後体調を崩し、日本の福岡での治療中に、満三三歳の若さで亡くなっている。昔の女性は早熟であることを強いられたとはいえ、当時、小鳳仙は弱冠一六歳。多感な年頃だったはずの彼女の心に、蔡鍔の死の知らせはいかに重く響いたことだろうか。

一人のうら若い妓女が、袁世凱の帝政復活の夢に大きな打撃を与え、歴史を塗り替えたのだった。その事実を知った人々は、小鳳仙を英雄として称えた。小鳳仙の生涯は、その生前からさまざまな映画やドラマで取り上げられ、その数は戦前戦後、香港、大陸を合わせれば二〇本近くに上る。若い二人の清純で美しい悲恋物語は、その一つ一つを通じて、今もなお、人々の心に深く刻まれ続けている。

媚薬を売った店

新たな脚色を経て、フィクション化し、伝説となっていく名妓たち。その人気は衰えを知らないが、彼女たちが拠点とした陝西巷の一帯を歩いても、ここが色町だった時代の艶っぽい繁栄ぶりはなかなか想像できない。細くこじんまりとした通りに、どこか色あせて所帯じみた感じの商店や床屋、食堂、民

◉悦香院跡の一部。美しいアーチつきドアに、かつての華やかさの名残が

家などが肩を寄せ合うばかりだ。

　それでもまだ何かしらあるはずだ、と資料を睨みながら、陝西巷の途中から横道に入ると、期待は報われた。賽金花が開いた悦香院の跡を見つけたからだ。瀟洒な造りの、周囲と比べると際立って凝った造りの建物で、ボロボロではあったが、何かオーラのようなものを放っていた。現在は民家と化しており、政府によって保護されているような痕跡はほとんどなく、壊れたパーツが壊れた順に撤去されている状態だった。それでも、残っていた装飾などからは、ドイツ帰りの賽金花が、この建物に巧みに、かつこだわりを持って西欧の要素をとり入れていたことが伝わってきた。

　住民の許可を得て、賽金花や女郎たちが歩いたに違いない廊下へと階段を上がった。柱の装飾を見つけ、それらが残すある種の「香り」に、一〇〇％意識を集中させる。すると、昔の華やかな面影が脳裏にうっすらと像を結んだ。だが、実際に行き来している住民のほとんどはかなりの高齢者ばかり。あるおじいさんと階段ですれ違った時などは、二人分の体重で、すでにボロボロの状態となっている床板が抜けないか、心配でならなかった。

◉陝西巷に残る雲吉班跡。小鳳仙と蔡鍔が出会った場所とされる

ふたたび陝西巷に戻ると、今度は蔡鍔が袁世凱によって軟禁状態にあった頃、小鳳仙と初めて出会ったといわれる建物へ向かった。小鳳仙が属していた雲吉班という遊郭があった場所だ。その日は無理だったが、日を改めて訪れると、幸い住民に中に入れてもらえた。資料にある通り奥はとても深く、軒先の装飾も昔の名残を留めていたが、花園があったという中庭については、建て増しのために見る影もなかった。

さらに進むと、近くに「上林仙館」の名が彫られた建物を見つけた。一応、「賽金花も小鳳仙も籍を置いたことがある」とされている遊郭の跡だ。

◉かつての妓楼「上林仙館」跡

幸いその建物は、欄干なども美しく修復され、ホテルの形で人々を受け入れていた。

もっとも近年は、胡同の商業利用が進む中で、話題集めのための「似非遺跡」もいろいろと登場している。油断がならないのは、かなり信憑性のある文化財の専門書でさえこの建物を高級妓楼の「上林仙館」跡だとしているのにも関わらず、「ここは妓楼でも何でもなく、薬局だった」と指摘する住民がいることだ。賭博場説もあるという。

薬局説を主張する住民によれば、かつてその薬局の売りは「二薬一紙」だった。二薬とは、媚薬と麝《じゃ》香《こう》だ。媚薬の用途は言うまでもないが、麝香は堕胎に使われた薬らしい。一紙は、「冥紙」と呼ばれたもので、中国で死者を弔う際によく焼かれる紙銭と似た性質をもつ。妓女たちは客と別れた後、客との縁を切るふりをしてこの紙を焼き、自らを慰めたという。

それはある意味で、きれいに改修されたまゆつば物の上林仙館跡以上に、妓女たちの生きざまをぐっと身近に感じさせる証言だった。

◉陝西巷から見た「上林仙館」跡。今はホテルに

第7章 裏世界をめぐる伝説

1 北京っ子のヒーロー、燕の李三

前門が舞台の大捕物

夜に活躍するのは妓女だけではない。北京の裏世界を個性的なエピソードで彩る面々は多種多様だが、とりわけ派手に暴れまわってくれるのは泥棒たちだ。警察と犯罪者が大活劇を繰り広げる映画といえば今、舞台は香港と相場が決まっているが、大捕物の数では実は北京だってけっして負けてはいなかった。

そんな中でも、もっとも自由自在、縦横無尽に北京を駆けまわった人物を一人挙げるなら、燕の李三《リーサン》だろう。清末から民国期にかけて世を騒がせた義賊で、いわば北京版鼠小僧だ。その最大の特徴は、富豪貴顕の屋敷にのみ押し入り、卓越した身体能力や並々ならぬ肝っ玉、そして誰にも真似できない盗みの技によって大量の金品を盗んだこと。しかも李三はそれを気前よく貧民に分け与えた。犯行の際は、署名代わりに燕の形に折った紙を現場に残したといわれ、それが「燕の李三」という名の由来になった。

だが、民国期に活躍した実在の人物でありながら、彼の生涯には謎も多い。

そもそも同名で実在の「燕の李三」は三人いると言われている上、山東出身の「燕の李三」、つまり博打や女買いに熱心な、掛け値なしの荒くれ強盗の方も、小説やドラマの主人公としてはけっこう人気があったりする。これに加えて、仕事柄、泥棒はみな匿名好き。どうせ素姓を隠して盗みをするなら、と、当時は人気の高い李三のやり口を真似た模倣犯も多かったというから、始末が悪い。

北京の李三は、腕っ節の強さより、むしろ忍者のような身軽な動きで知られていたようだ。一番有名なのは、体の幅を縮めて鉄格子をすり抜ける「縮骨」の術。何度警察に捕まっても、この術を使って巧みに脱獄したという。もっとも、これには異説もある。実際には、獄吏が薄給だったことから、贓物《ぞうぶつ》を分け与えることを約束に、こっそり彼らに逃がしてもらっていた、というのだ。何しろ李三は貧乏人の味方。泥棒でありながら、信義を重んじ、人情にも篤いとされていたから、社会の底辺であえいでいる人々の間での人気は絶大だった。

当然、警察にとっては目の敵だったわけだが、警察の方もしたたかだった。脱獄を助ける獄吏たちの腐敗ぶりをごまかすため、あえて「縮骨」術説をのさばらせたのだ。彼の「超人性」を強調しておけば、李三がなかなか捕まらない言い訳になり、また、万が一捕まえられた時も、功績

◉鷂児胡同の中城指揮署跡。今は民家に

の重みが倍増する、という魂胆だった。

ハイタカ胡同での取調べ

その知名度の高さから、李三ゆかりの地は北京に無数にあるが、その伝記には多分にフィクションの部分が含まれている上、北京の街の変化が激しいことから、直接足跡が確認できる場所はなかなかみつからない。その数少ない例外の一つが、珠市口の南西に東西に伸びる鷂児胡同（地図D）だ。

鷂児胡同は直訳すれば「ハイタカ胡同」。明代には「要児胡同《ヤオアーフートン》」と呼ばれていたこの胡同が、清代に同音の現在の名前になったのは、清代にここに中城指揮署が置かれていたための暗喩という説がある。当時の指揮署とは犯罪人を捕らえて社会の治安を守るための役所であり、一方でハイタカは鷹狩などにも活躍する猟の名手だからだ。この中城指揮署跡は、民国期には、やはり犯罪の捜査と犯人逮捕を職責とする公安局の偵緝《ていしゅう》総隊となった。

中城指揮署でも偵緝総隊でも、さまざまな犯罪の取調べが行われたはずだが、最も有名な案件は、何といっても民国期の大盗賊「燕の李三」にまつわるものだった。

この胡同で語り伝えられているバージョンでは、李三は入獄中のある日、例によって獄吏らに贓品の分け前を約束すると、獄を抜け出し、絹物商の屋敷に押し入った。獄吏が咎められぬようにと、贓品を分け合った後、李三はおとなしく監獄に戻る。だが、盗んだ方はそれで丸く収まっても、盗まれた絹物商の方が黙っていなかった。怒り狂ってあちこちの質屋を回り、贓品が来たら報告するように頼んで回ったため、獄吏が質屋に持っていった贓品から足がついてしまう。当然、獄吏らに対する厳しい取調べが始まった。その情況が気になった李三は、獄を抜け出してこの鷂児胡同にある偵緝総隊の取調べ所の屋根に登る。だが何時間もじっと中の様子を伺っているうちに、アヘン中毒だった李三はどうしても一服したくなった。やむを得ず暗闇で火をつけたところを、役人

◉鷂児胡同

が発見。何度も逮捕と脱獄を繰り返した李三だが、この時にお縄となってここの偵緝総隊に幽閉されたのが最期となった。

この偵緝総隊があった所は、その伝統を受け継いだかのように、今も北京市公安局の関係者の社宅となっている。ちなみにこの他、この胡同には戦中に日本の憲兵隊が利用し、今は武装警察の第七部隊が占めている建物などもあり、実にハイタカ胡同の名に恥じない。

それにしても、実際はどうあれ、職責からいえば偵緝総隊も公安局も武装警察も、世の治安のために働いた人たちだ。だが、世間がそれを恩に着て語り継いでくれるとは限らない。皮肉なことに、地元の住民に「この胡同に住んだ最も有名な人物は?」と尋ねると、「燕の李三だよ」という答えが返ってきた。「幽閉」でも住んだことになるならば、偵緝総隊はいわば李三故居ということになるだろう。

北京中を駆け巡る

何はともあれ、燕の李三の名は、今も北京の少し年配の世代を中心に、広く知られている。民間の伝説はもちろん、中国風のマンガ「連環画」や、中国版講談である「評書」、打楽器の演奏に合わせて歌う伝統演芸の「快板書」、および映画やドラマなどを通じても、虚実織り交ぜられたエピソードが語り継がれている。そういった作品の影響で、今も李三が超人的な技を持っていたと信じている北京っ子は多い。実際、映画に出てくる李三は、壁を伝って走ったり、塀や屋根に跳び上がったりするのが得意な、忍者のようなイメージだ。いかにも時代のヒーローらしく、しまいには、嘘かまことか獄中で共産主義者と友人になり、彼の脱獄を助けたりもする。

そんな李三をめぐる多くの映画や語り物文学の源流を探った時、しばしば原作となっているのが柳渓の『大盗燕子李三伝奇』だ。この小説において李三は、前門の箭楼に指名手配のビラが貼られてから、最後にこの箭楼の前でお縄になるまで、前門を中心として、北京の旧城内のあちこちを駆け巡る。

まず前門から西南方向にある校場口の居酒屋、「大碗居」は、李三が信頼している仲間と集った場所だ。北京最大の花街だった八大胡同や場末の娼窟街、白紙坊は李三が妓楼に売られた最愛の女性、金蘭を探す場として登場する。上京したての李三が生活費を稼ごうとして天橋を訪れたシーンでは、ユニークな大道芸や露店の歯医者が芸人顔負けの「抜歯の技」を披露する様子が印象的だ。前門にあった人気の講釈場、青雲閣も、李三が警察に見つかる下りでは、緊張感あふれる逃亡劇の場に早変わりする。李三は皇都の名残ともいえる俸禄を失い、没落した満州貴族の大屋敷に逃げ込むかと思えば、民国の大政治家の邸宅内も容赦なく荒らす。李三が京劇を楽しむふりをして、こっそり盗むターゲットを物色するのは、北京っ子に人気の繁華街、西単にかつて本当にあった演劇ファンのメッカ、哈爾飛《ハーアールフェイ》劇場だ。ちなみに、梅蘭芳を含む大物俳優がこぞって舞台に立った伝統劇の名劇場なのに、この「哈爾飛」という名の由来は英語のハッピーだ。つまり、哈爾飛劇場は直訳すればハッピー劇場となる。そのオープニングの際は、名花魁、賽金花が、当時はまだ珍しかったテープカットを行ったが、誰もテープカットの意味を知らなかったので、まったく盛り上がらなかったというのも、いかにも民国期らしい。

話を元に戻せば、北京のあちこちに大胆に足跡をつけた李三は、北京の代表的観光地である前門を根城としつつ、妓楼や劇場、食堂や酒場、果ては貴族や政治家の屋敷の中にまで読者を導いている。李三はある意味、巧まずして北京のガイド係としても活躍したことになる。

石川五右衛門と李三

そうはいっても、李三はやはり北京一有名な大泥棒だった。手下を使わず、独立独歩、しかも盗んだ金は貧しい者にばらまく、という意味でなら、北京版鼠小僧という呼称で十分だ。だが実は、李三には石川五右衛門的要素もある。天下の大将軍も脅かす庶民のヒーローとして、石川五右衛門が豊臣秀吉のお宝である青磁の香炉「千鳥」を盗みに入ったりしているのと同じように、李三も時の権力者の屋敷にあえて堂々と乗りこんでいるからだ。伝説では、臨時執政だった段祺瑞の家にも、平気で盗みに入ったという。

また、その人生の最後の一幕のイメージも印象深い。

「鴿児胡同」をめぐって語り継がれているバージョンとはだいぶ異なり、多くの連環画や中国版講談、評書に登場する李三は、隠れ家としていた前門の箭楼で最終的にお縄となる。つまり、石川五右衛門が京都の南禅寺の三門に登ったのと同じように、李三も人生のクライマックスで高い所から市井を見降ろすのだ。だが、二人の心情の方はまるで正反対だった。豪快に「絶景かな」の台詞を残した五右衛門とは対照的に、柳渓版の燕子李三は、みじめでやるせない。盗品である豪華な什器や財宝に囲まれつつも、戒厳令によって外出がままならならないため、友情や温かい食事にはまるで恵まれない生活を余儀なくされるのだ。しまいにはある晩、孤独感に耐えられず、ついタバコをふかしたところ、その火が下にいる役人に見つかり、逮捕されてしまう。

アヘンがタバコに変わっているのは、子供の読者を意識しての書き換えだとしても、それとは別に、私はこのくだりの描写があまりにリアリスティックなので、はっとした。つい、文化大革命などの政治闘争の最中に迫害された知識人を連想してしまったからだ。もしかして作者自身の体験が反映されているのではないかと思い、作者柳渓の足跡を調べていくうち、中国新聞ネットの紹介記事を見つけた。

案じていた通り、彼女の生涯は「不遇」そのものだった。一九四四年より革命に参加し、地下工作にも携わった後、四九年からは正式な党員になっているにも関わらず、五五年からは著名作家の丁玲らとともに反党集団のメンバーとされ、五七年には右派（反動派）にも分類されている。当然、文化大革命中も辛酸を嘗め、やっと名誉が回復したのは文革終結から三年後の一九七九年だ。

長らく執筆を禁じられた後に、ようやく自由と名誉を手に入れた彼女が、代表作の一つである『燕子李三』を脱稿したのは、その三年後だった。この小説のディテールに彼女の人生体験が色濃く投影されていても無理はない。

足に生首が噛みつく

ひとたびこの事実に気付くと、武術の師匠を同じくする李三を密告した張禄《ジャンルー》の描かれ方も理解できるようになる。読者には子供もいることを想定しているとは思えないほど、張禄の狡猾さが生々しいのだ。張は何度も李三を裏切りながらも、最後までそれを李三に気付かれまいとし、処刑直前の李の前ではわざと大泣きさえする。しかし、斬首の刑に遭った李の生首は、張の前まで転がり、その足を噛むのだ。怨念渦巻くこの生々しい描写に、その生涯において、繰り返し密告に苦しめられたであろう柳渓のやるせなさを感じる。彼女自身の回想によれば、更生のために農村に送り込まれた際、夜中にこっそりと筆を執っては作品を書いていたが、ある日、密告によってあやうくその作品を没収されかけたという。つまり密告はかつて、作家としての最低限の権利を奪うところまで、彼女を追い詰めているのだ。

李三の最後の一瞬も何だか妙に人間的で生々しい。引き回される途中では、京劇の演目「覇王別姫」の一節をかっこよく口ずさんだりする李三も、いざ刑の執行が近づくと、自分を捉えた役人を口汚く罵って逆上させ、処刑を早めさせてしまう。

たいへん残念なことに、ちょうど私の「李三熱」がピークに達していた二〇一四年三月、柳渓は持病が悪化し、九〇歳で亡くなってしまった。だから今はもう、作者自身に創作時の心境などを問うすべはない。だが柳渓の目に映った李三は明らかに、政治的自覚などないまま、ただ貧しい民を救いたいと考え、やむなく義賊として生きぬいた人物だった。その小説の「自序」で柳渓は李三を、「愛国愛民の思想、豊かな正義感、そして高尚な品徳を持った」人物、とまで称えている。これはどう見ても、泥棒に与えられる評価としては破格だ。しかも作品の末尾で、作者は河北省の田舎で李三の遠戚とされる人物、李満竈と出会った経緯を語る。李満竈は李三のことを、生きた時代と環境が悪かったのだと主張し、「世が世なら……」と惜しむが、これは柳渓自身の自らの人生に対する感慨とも重なっているのではないだろうか。

歴史や伝説は後世の人や時代が作る、というのは世の道理だが、その生々しい過程を目の当たりにすると、やはり感慨深いものがある。少し気になるのは、武術が売りの「山東版」燕の李三と比べると、盗みの技が売りの「北京版」李三の知名度が最近やや下降気味であることだ。もっとも、経済格差の大きさや不正蓄財が中国で話題になり続ける限り、義賊燕の李三の人気が消え去ることはないだろう。

2 スパイたちの暗躍

明代版KGB「東廠」

闇の世界の商売の中でも、一番冷酷で容赦ないのは、権力を笠に着て暗躍する秘密警察かもしれない。実は今から六〇〇年ほど前の中国にも、冷戦時代のKGBばりに悪名を轟かせた秘密警察が存在した。明代の「東廠」と「西廠」だ。もともとは疑り深かった永楽帝が、臣下が報告したがらない情報を入手するために設けた特務機関だったが、その後しばしば陰謀の摘発などの陰惨な政治事件の黒幕となったため、中国の小説や講談「評書」などの格好のテーマになった。かくいう私もかつて、ラジオから流れてきた評書のものものしい語り口に、その泣く子も黙る横暴ぶりを想像し、身震いしたことがある。

権謀術数を弄し、毒を盛り、人を害す
密偵、卑怯者、刺客
法衙、牢獄、絶え間ない恐怖
紫禁城内のいたるところに殺意が潜む……

こんな前口上で始まる評書「東廠と西廠」は終始、緊迫感あふれる口調で物語が進む。全部聴こうとすると、こちらが疲れきってしまいそうだったので、小説で読むことにしたほどだ。

東廠も西廠も悪名の高さは変わらないが、とくに冤罪を多数でっち上げ、無辜の政敵を粛清するなどして悪の限りを尽くしたとされるのが「東廠」だ。その面影が今も残っていると知り、ある日、中国美術館近くにある東廠胡同（地図B）を訪ねた。

◉東廠胡同28号

現在の住民の話によれば、明代にはこの胡同の大半の建物が「東廠」の建物だったという。一九七〇年代、一番地にある中国社会科学院の敷地内で工事が行われた際、ひと山分の人骨と刑具が掘り出された。工事現場には無数のサソリも出現した。真偽のほどはともかく、住民たちの間では、それらはかつて大量のサソリで囚人を拷問にかけた牢獄「蠍子洞」で飼われていたサソリの子孫だと信じられている。

この胡同に住んだとされる著名人たちもいわくつきの面々だが、東廠とのからみで重要なのは、やはり明末の悪徳宦官、魏忠賢だろう。魏は当時、自派の陰謀政治を批判した「東林党」の一派を残虐な手で圧迫するためにこの東廠を悪用。逮捕され、監禁された東林党の一派は、ここで死に至るまで拷問を受けたという。東廠の者による監視も徹底したもので、ある密室で友人に魏の悪口を言った者が、すぐさま見せしめに顔の皮を剥がされたという伝説もある。顔の皮は翌日、東廠の法廷に高々と懸けられた。民衆の間に恐怖の種をばらまき、あくどい手段で政治を牛耳った魏は、明朝滅亡の種を撒いたとして、後世まで汚名を背負うことになる。

ちなみに、魏忠賢の屋敷跡は現在、民主諸党派の一つ、中国民主同盟会の総本部になっている。もしかりにここが共産党関係だったとすれば、笑えない冗談になっていたことだろう。

日本軍の監獄跡

もっとも、この「東廠」跡の後ろ暗い歴史も、二八番地の建物に至ると、まるで人ごとではなくなる。ここは、明清時代から民国期、そして日本占領期に至るまでずっと監獄として使われていたとされているからだ。その建物には今も、日本軍が作ったという鉄格子が残り、名誉というよりはむしろ不名誉なことに、「北京で初めてできた鉄格子の窓」だと住民の間で語り継がれている。さらにその東には水牢の跡もある。かつて囚人を水で満たされた牢獄で拷

◉東廠胡同

問した場所だ。今は鍵がかけられているが、ある住民によれば、かりに入れても、立って歩けないほど天井が低いらしい。

実際に日本兵がここで中国人捕虜を処刑した時の証言なども残っており、監獄の存在自体に疑いを挟む余地はないようだ。一説では、当時ここには一〇〇〇人もの人が収容されたという。

過去の傷を正視するのはつらいことだが、さらに驚かされたのは、そういう建物が今もアパートとして利用されており、中にまったく普通に人が暮らしていたことだった。監獄だっただけあって、住民によれば一つ一つの部屋は狭いとのことだが、堅固な造りゆえ、六〇年以上に及ぶ使用にも耐えたらしい。もちろん、住民だって好き好んで住み続けたわけではなく、住宅の供給難や分配制などの関係で、他に選択肢がなかったのだろう。それにしても、明清時代からの監獄跡だ。私なら悪夢を見ずして住めるだろうか、と思わずにはいられなかった。もちろん、科学で立証できないことを迷信として禁じる解放後の風潮によって、幽霊話など封じられ、住民には大っぴらに怖がる自由さえなかったのかもしれない。だが、解放とともに住民がいっせいにすべて唯物論者になっ

◉東廠からは少し離れた炮局胡同の見張り台跡。戦中は日本が監獄として使用

たわけではないだろうから、霊感や感受性の強い住民にとっては拷問に近かった可能性もある。普通に北京を観光するだけではあまり目に入らないが、実は胡同を歩いていると結構、戦時中の痕跡が見つかる。中でも日本軍や憲兵隊の監獄や宿舎の跡などに遭遇した時ははっとする。それらは民家に使われていたり、公的機関となっていたりとさまざまだが、近くの住民の中にはたいていそのかつての用途や建物をめぐるエピソードを知っている人がいる。彼らの話に耳を傾ける時、日中戦争をめぐる議論は観念的になりがちだけれど、北京の一部の人たちはこういう建物が残る環境で戦後から今までを生きてきたことを忘れてはいけない、とつくづく思う。

消えた川島芳子の故居

諜報機関とくれば、次に続くのはやはり名スパイでなくてはならない。そうなると、代表格はどうしても川島芳子だ。通称は「東洋のマタ・ハリ」。清王朝の王族粛親王の娘で、清朝復興の夢を託されつつ日本の川島浪速《なにわ》の養女になったものの、結局は日本軍に利用されるだけで終わり、表向きは最後は日本のスパイとして北京で処刑されたとされている。

二〇〇三年頃のある日、北京っ子の友人に「今見ておかないとなくなるよ」と言われ、東四九条（地図B）にあった川島芳子の故居を訪ねた日のことは、今も忘れられない。周辺は、少し前に取り壊しが始まっていて、すでに廃墟の雰囲気がただよっていた。「どうせ取り壊されるのだから」と考えた住民たちは、とうの昔にメンテナンスなど放棄してしまったのだろう。故居のある敷地も含め、まだ一部の建物こそ残っていたが、そこには「かまわれなくなった建物」がもつ、風化が始まったかような蕭条とした感があった。

お目当ての建物は、四合院の一角に、ひっそりと建っていた。「男装の麗人」として知られる川島芳子はその国籍、身分、服装、年齢とあわせて、住居も自由自在に変えたようで、北京での寓居跡も、あちこちにあるようだ。私が訪れた建物は、複数の世帯の住民で占められていて、見ることができたのはそのうちの一部だけだった。確か一階部分の二、三部屋だったと思うが、幸い居間だったらしき部屋に入ることができた。

「ほら、上を見てごらん。あそこにシャンデリアがかかっていたんだよ」

住民の言葉に天井を見ると、たしかに豪華なシャンデリアと釣り合いそうな突起状の装飾がある。柱の装飾なども、ちょっと凝ったものだ。その時はすでに使われていなかったが、暖炉の跡もあり、この家の主がかつてそれなりの趣味とそれを支える財力とをもっていたことが伝わってきた。実際、映画『川島芳子』を撮る際、ここはロケ地にもなったという。

大陸滞在中の川島芳子の活動は大半が上海や東北などが舞台だ。私の知る限り、謎めいたその伝記に北京のこの住居が登場するのは終戦前後の、彼女が処刑される前の時期に過ぎない。当時、川島芳子は、馴染みの日本人易者が「いまなら蒙古へ逃げる道がある」と勧めても、「自分は蒋介石政権には弓を引いたが、中国の民衆には誠心誠意あたってきたつもりだから逃げも隠れもしない」と言い張ったという。そして「連日、盲目の琵琶法師を自宅に呼んで弾き語りを聴いたり、昼寝を貪ったりしてそれまでと変わらぬ日々を暮らし」、連行するために警察が門を叩いた時も、パジャマ姿だった（上坂冬子『男装の麗人川島芳子伝』より）。いかにも我が道を行く彼女らしいが、何といっても生まれは満州族の王女だ。自分には罪がないと信じていながら、国民を裏切った罪で連行された時の心情はいかに複雑であっただろうか。

だが、半世紀以上の星霜を経た部屋は、私が見た時はすでにかなり老朽化しており、新中国成立後に刻まれたらしき痕跡も多かった。国民にかなりの耐乏を強いた中国の現代史を反映するかのように、その部屋の雰囲気は全体的に無機質だった。何より、さまざまに積まれた日用品が、部屋をだいぶ狭くしていた。そのため、妖艶な美人スパイとこの家との結びつきを思い浮かべるには、かなりの想像力を要した。

敵の家は壊すべし

「もう、来月にはなくなっていると思うよ。壊しちゃったら、二度と同じモノは作れないのにねえ」

取り壊される胡同の住民から何度となく聞いた言葉を耳に、私は故居やその住民たちに別れを告げた。大通りまで送ってくれた住民が「あそこには、袁世凱《えんせいがい》の住んでいた家があったんだよ」と言いながら、ある方向を指さした。そこには、すでに取り壊しが終わり、がらくたが散らばるだけとなった一帯が広がっていた。川島芳子の故居から少し離れただけの場所だ。夕闇に沈みつ

◉景陽胡同の四合院。一時期は取り壊しの危機に瀕したことも

つある廃墟を見つめ、私は「間に合わなかった」という苦々しさをより一層胸に募らせた。

同じ有名人の故居でも、その人物が戦後の中国にとって称揚すべき人物であるか、またはマイナスのイメージを背負わされた人物であるかによって、その命運はさまざまだ。共産党に貢献した人物や、共産党に大事にされた人物の故居は、かりに住んだ期間がごく短くても大事に保護される。著名な画家である斉白石の故居などがいい例で、現在、斉白石故居として開放されている広い建物は、実は解放後に政府が斉白石に分け与えたものだ。気骨の文人である斉白石自身は、狭くても住み慣れた家がいいと主張し、新しい家には四日間しか住まなかったといわれている。

反対に、マイナスのイメージを負わされたスパイや反動的政治家がらみの遺跡は、「敵逆産（敵の財産）」とされ、それがどんなに建物として優秀なものであっても、しばしばじつにあっけなく取り壊されてしまう。

例えば、私が曲折を経て住んだ景陽胡同の大雑院は、東城区の文化財として専門書にも紹介されているほどの、れっきとした文化財だった。だがそんな建物さえ、北京オリンピック前の一時期には、あやうく取り壊されそうになった。戦前、国民党関係者が住んだ「敵逆産」だというのが口実だ。結局、住民の六割以上が反対したために取り壊しは中止となったが、当時は背筋がぞっとした。自分が追い出されるからというより、その四合院が、比較的整然とした、美しい配置を残していたからだ。とくに門が立派で、一時期はテレビの中継番組のロケにしばしば使われていた。

かりに建物自体が何らかのマイナスイメージを負っていたとしても、ある時代の何かを反映した建物は、その歴史のディテールを振り返る絶好の史料となる。だが一九九〇年代以降に跋扈し始めた開発業者たちにとってみれば、更地づくりの邪魔になる文化財など、目の敵に過ぎない。あれこれ理屈をつけて、「合法的に」これを取り壊そうとする時、「敵逆産」という肩書は、格好の口実だ。

文革＝文化財破壊というイメージが強いだけに、意外な事実かもしれないが、伝統的な建物や胡同の消失は、その数量や面積からいえば、文化大革命以前の中国より、一九九〇年代以降の中国のほうがずっと深刻だといわれている。

数年後、私はもう一度、かつて訪れた東四九条の一帯に足を運んだ。そこは高級ホテルの敷地になっていた。ホテルの従業員によると、確かにここは川島芳子の故居があった場所だが、建物はすべて壊され、その片鱗さえ残っていないということだった。

第8章 古都の記憶

1 北京を鳥の目で見る

魅せられる地名

地面をてくてく歩くのもいいが、たまには鳥になった気分で上から胡同を眺めてみたくなる。上空を気球で飛べたらさぞかし面白いだろうと思うが、それは無理なので、地図の力を借りることにする。

いろいろな時代の胡同の地図を眺めるのはとても興味深い。まず気付くのは地名の面白さだ。春なら花枝胡同、春風胡同、桃園胡同、藕芽（蓮根の芽）胡同などに惹かれるし、色とりどりの花が咲いた花園をイメージさせる什錦花園胡同、百花深処なんていうロマンチックな名前もある。色っぽい感じの翠花（翡翠のかんざし）胡同や手帕（ハンカチ）胡同があるかと思えば、どこか可愛らしい月牙（三日月）胡同、鈴鐺（鈴）胡同、金魚胡同などもある。

生活感あふれる名前も魅力的だ。黒芝麻（黒ゴマ）胡同、焼酒（焼酎）胡同、炒麵（焼きそば）胡同、椅子胡同、扁担（てんびん棒）胡同などは、家庭や市場の風景と直結している。その一方で、よく地名にするなあ、と思ってしまう煤渣（石炭のカス）胡同、屎殼郎（ふんころがし）胡同、羊尾巴（羊の尻尾）胡同、なんていう名前もある。音が変化したり、縁起をかついだりすることで生まれた地名も多いので、胡同そのものの特徴と地名に必ずしも密接な関係があるわけではないが、あまりにユニークだと地名を見るだけで行きたくてうずうずしてしまう。

とりわけ、明清あたりの少し古い地図は、ちょっと変てこりんな名前が多くて面白い。同じ名の胡同がいくつかあるのも、かえってマイペースな感じでいい。

こんな個性あふれる胡同の名の味わいに惹かれる人は多いのだろう。胡同の名前を分類したり、その由来や変化を追ったりした書籍が、北京では何冊も出版されている。その先駆けで、その後に編纂された地名辞典がおしなべて参考文献に挙げているのが、『北京地名誌』という書だ。一九四四年に大陸で出版されたこの本は、戦時中に北京に滞在した多田貞一という日本人学者の手によるもので、最初は日本語で書かれていた。この本の意義が再評価され、中国語に翻訳されたのは一九八五年になってから。つまり埋もれていた名著が四一年という時間を経て蘇ったことになる。

もっとも作者である多田貞一という人物については、もともと神戸の中学校で漢文教師をしていたが、戦前、戦中は日本語教師として北京に滞在していた、ということ以外、残念ながらほ

◉四合院の続く家並み

とんど知られていない。北京の地名に詳しい櫻井澄夫氏の指摘によれば、村山常雄編著のデータベース『シベリア抑留死亡者名簿』に同一の名前があることから、戦争の末期に現地召集され、終戦後、何らかの経緯でシベリアでの抑留生活を強いられた挙句、一九四五年一〇月に現地で亡くなった可能性がきわめて高いという。

多田貞一の『北京地名誌』は、バラエティ豊かな北京の地名の魅力をよく伝えている上、地名をめぐる学術的な説明の合間に、作者自身が北京で実際に体験したことなどが挟み込まれていて、興味深い。中でも食にまつわる記述が生き生きとしているのは、食糧不足の戦時中に書かれたからだろうか。例を挙げるなら、現地の人は同じ肉でも脂肪の多い肉を好み、しかもそれを赤身の肉と同じ値段で

◉楊梅竹斜街に残る、世界書局跡の建物

売っているので、赤身が好きな日本人にはありがたい、とか、ロバやラクダの肉については、日本ではけっして食べないし、こちらでも上品な食べ物ではないが、何はともあれおいしい、などといったくだりだ。

強い好奇心と探求心をもって北京の胡同を眺めていた多田貞一の視線に共感を覚えるとともに、北京の文化にこれほどまで通暁していた氏は、どんなジレンマを覚えながら戦地に赴いたことだろう、と心が痛む。『北京地名誌』は氏の最初で最後の著書だが、平和な時代であれば、さらに生き生きと自由に北京の魅力を極め、語ってくれただろうに、とつい思わずにはいられない。

人が作ったけもの道

地図を見ればすぐ分かるように、北京の旧

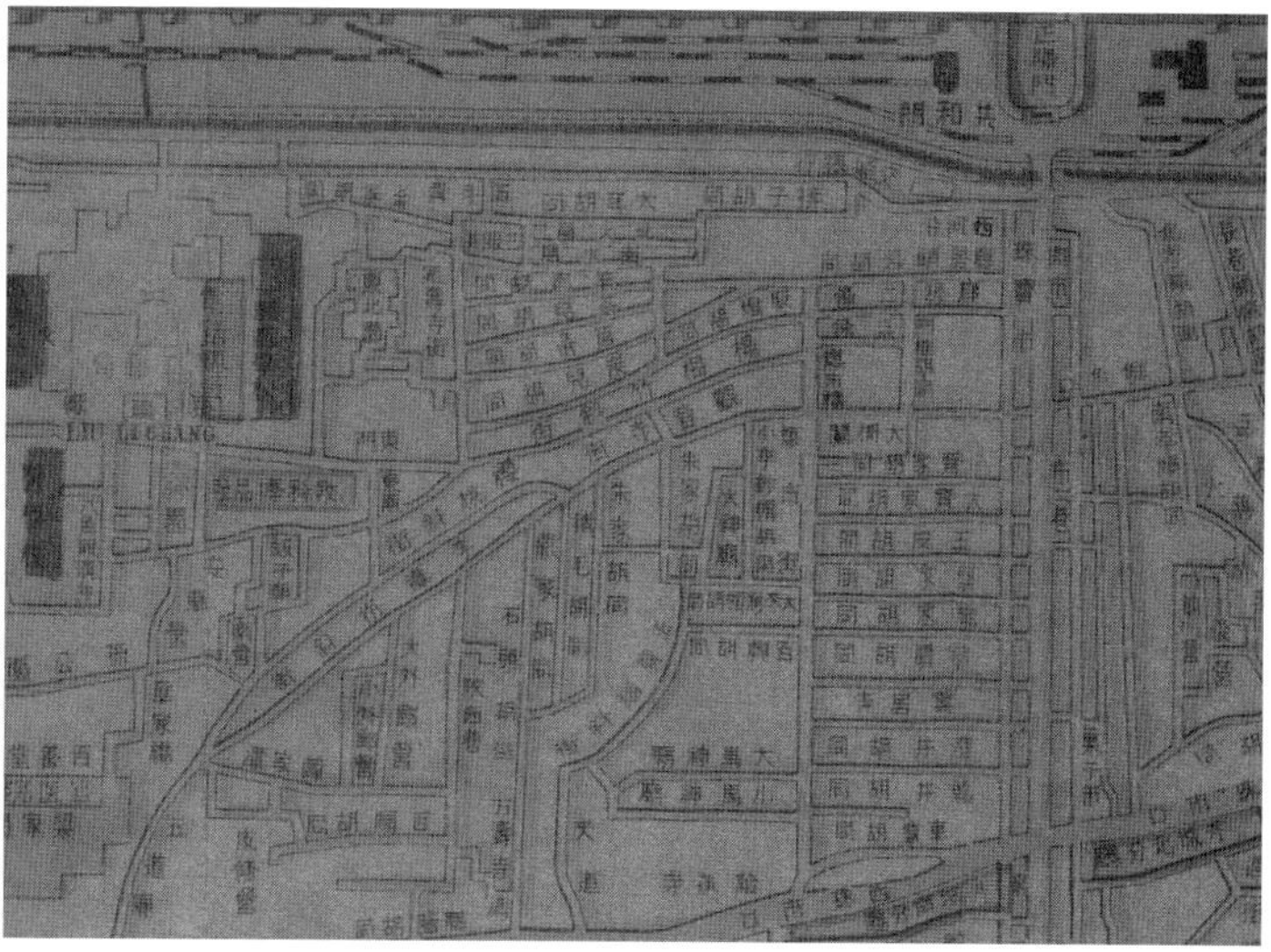

◉楊梅竹斜街。前門の大柵欄と琉璃廠をつなぐ

城内の道の多くは、日本の京都と同じように碁盤目状に走っている。だが、その間を斜めに走る道もあり、「斜街《ジェジェ》」と呼ばれている。もともと「型破りの」性質をもつ斜街には、結構ユニークな背景や特徴をもつものが多い。

楊梅竹斜街（地図D）もその一つだ。大柵欄の北から琉璃廠までを斜めに走っているが、その理由を探ると、意外とダイナミックで驚く。

その昔、金を滅ぼした元は、金の都であった中都の東北に新首都、大都を築いた。だが、大都は当初、商業的に未発達だったため、大都に住む人々は、わざわざ昔の中都の繁華街に出かけて買い物をした。同じ歩くなら、目的地まで直線距離であるに越したことはない。その結果、けものみちの如く形作られたのがこの道だった。つまり自然発生した六〇〇年の歴史をもつ道、ということになる。幅はそこまで広くないが、本と書画の街、琉璃廠に通じるだけあって、その昔は大手出版社をはじめ、古本屋や骨董屋、筆屋、楽器屋などが軒を連ねる、かなり文化の香り高い場所だったようだ。

もっとも近年、統一的な再開発の対象になった結果、建物の輪郭こそある程度は残されたものの、だいぶのっぺらぼうな街並みになってしまった。

都を作り直した時の「リセット」の跡まで「リセット」してしまう。北京の再開発の波はやはり手ごわい。

その一方で、人が歩いた「廊下」が公道になってしまった例もある。

北京には二つ「白塔」がある。一つは北海公園（地図E）の瓊島《けいとう》の上にある白塔、もう一つが妙応寺（地図E）にあるもので、塔が寺の伽藍より目立つせいか、古来白塔寺の愛称で親しまれている。

実はこの白塔の西側から阜成門にかけての北側一帯を歩くと、「宮門口」を名に冠した胡同が目立ち、その数は八本に及ぶ。「門口」（門の入り口）だけでもこれだけ広大な範囲にわたるのであれば、ここにはどれほど大きな「お宮」があったのか、と想像が膨らむ。

実はこの「宮」とは、前述の官園の瓜畑もその一角に擁していた、「朝天宮」のことだ。「朝天宮」とは、明の時代に朝廷で盛大な典礼が行われるたび、百官を集めて儀式のリハーサルが重ねられた場所。修復と拡大を重ね、一五世紀末には一三の殿を連ねる、北京で最大の道教施設と

◉夕涼みをする住民たち。中廊下胡同

なっていた。

　だが、壮大な伽藍は、やがて明末の大火事で焼失してしまう。すでに弱体化していた明王朝に再建の力はなく、跡地の東北角に玉皇閣を建てたのみだった。焼け跡には次々と民家が建っていった。現在、東廊下胡同、中廊下胡同、西廊下胡同などと呼ばれている所は、かつて朝天宮の廊下があった部分だと考えられている。いわば胡同が当時の建物の見取り図を描いているのだ。

　大火事以降、宮門口の一帯ではこんな迷信が広まった。宮門口の東岔と西岔に、妙応寺の白塔と元代まで西岔の西側にあったといわれる青塔を加えて上から見ると「火」の字に見える。だから「宮門口」は火災の前兆を現す、というものだ。そこで禍を免れるため、この二つの宮門口の北側に土地神を祀った黒旗土地廟が建てられた。

都を上から眺めることなど不可能だった昔の人々が、胡同に文字を重ね合わせた想像力には驚くばかりだ。さっそく黒旗土地廟の場所をつきとめようと、地元のお年寄りたちに尋ねて歩いた。何人もの住民が今は民家になっている場所を指し、「そういえば、あそこもお寺だったよ」と教えてくれたが、そのいずれも、お目当ての廟址ではなかった。歴史の痕跡を探る難しさを実感するとともに、胡同の中に「埋没」している歴史の痕跡の多さを思い、気が遠くなった。

2 近代化の実験場、香厰

西洋化の実験場

以前、北京の都市計画の研究に携わっていた友人が、北京のミニチュア模型を見下ろしながら、いろいろと説明してくれたことがある。

「これらの高すぎるビルの上層階を削って、この一帯に伝統的な景観を取り戻せば……」

あくまで計画段階のもので、計画自体も無法な乱開発ではなく、伝統的景観の保護のためのものだったが、ミニチュアの上で身ぶり手ぶり、都市をどう改造していくべきかを説明する様子に、私はつい「神の手」という言葉を思い浮かべた。

確かに、そうなのだ。財政状況や戦乱なども影響するとはいえ、国の独裁制が強固であればあるほど、いわゆる為政者らの定める都市計画は忠実に計画通りに実現されていく。つまり、独裁者の意向は神の手となって、都市の様相を変えていく。統治される者たちの権利を守り、民衆に本当の意味での利益をもたらす都市計画が採用されるとは限らないものの。

そして慈禧太后《ツーシータイホウ》、つまりかの有名な西太后は、絶大な権力を握った最後の独裁者であると同時に、自在に都市の改造を実施し得た、帝政期の中国における最後の実力者だった。帝王の気質を表す北京の「竜脈」が断ち切られることへの彼女の恐れが、清末期の鉄道の敷設計画に大きな影響を与えたことは広く知られている。

中国の近代化を阻害した頑固な保守派。日中を問わず、西太后にはどうしても、そんなイメージがつきまとう。だが八カ国連合軍の北京への侵入に驚かされて命からがら西安に逃げる、という経験には、さすがに彼女も学ぶものがあったのだろう。国内で日々募る不満を解消するためにも、西洋文化をめぐる知識をあれこれと仕入れ、一連の「新政」と呼ばれる政策を打ち出した。つまり、彼女は独裁者の立場から、北京の都市の近代化の端緒を切り開いた人物でもあった。

新政の内容には、各省での学校の設立、科挙試験の廃止、商工業の発展の奨励、道路の拡張を含むインフラの整備などの措置が含まれた。その北京での最初の対象地域は前門より南の南城地区。中でも当時、香廠（地図D）とよばれた一帯には重点が置かれた。

この香廠という地名はその昔、ここにお香や蠟燭などの工房があったことに由来するという説がある。もっとも、その名に反して清末当時、香廠路はとても臭い場所だったらしい。昔の北京には、南の城郭に囲まれたエリアについて、「空き地にはため池を作っておく」という風習があり、くぼ地であったこの一帯にもため池や水路があった。その水は革のなめし工や染物屋などによって共同で使用され、池の周りは皮革の干場に利用された。夏になると、どうもそれらの革が耐え難い悪臭を放ったものらしい。風水的にも好ましくはない場所だった香廠は、だからこそ、西洋化の実験にはふさわしいと考えられたのだろう。現在の目から見れば、条件の悪い土地を優先的に開発する、という意味で、むしろ理性的な場所選びだったといえる。

北京にもブロードウェイ?

西太后の晩年の試みは、その死後も引き継がれ、宣統三年(一九一一年)には、政府の警察部門、公益部門、商業部門が協力して会社を設立し、香廠の再開発を行った。その結果、道が作られ、水路や池が埋められ、店舗が建設された。都市を近代化する計画は、辛亥革命を経て成立した民国政府にとっても好ましいものだったのだろう。民国期もそのまま引き継がれ、さらに大々的に実施された。

その成果の一つが、香廠路と万明路の交差点に、上海大世界をまねて建てられた四階建ての「新世界商場」だ。竣工は一九一九年で、劇場、映画館、講談や弾き語りの会場、雑技館といった娯楽施設から、買い物や食事のできるエリアまで擁する、いわば総合娯楽ショッピングセンターだった。当時はかなり先進的だったエレベーターや屋上ガーデンがあり、扇風機やストーブも備えられていた（張復合編著『図説北京近代建築史』清華大学出版社より）。

もっとも激動の時代には、娯楽場といえども、政治情勢の影響からは逃れられなかった。山東半島の中国返還を認めないパリ講和条約への反感から起こった「五四運動」の際、有名な革命家でジャーナリストでもあった陳独秀はここで「外は国権を争い、内は国賊を懲らしめよう」と訴えた「北京市民宣言」を撒き、逮捕された。また日中戦争中、日本の憲兵はこの地下に水牢を設けたという。だが、新中国が成立すると、「新世界」跡は学校、病院、役所などへと次々と「変身」した後、一九八〇年代に取り壊された。

当時の果敢なチャレンジの痕跡は、目に見える形でも残っている。一九一八年に古刹万明寺の跡に建てられた東方飯店（地図D）は、北京初の近代風民営ホテルとして、多くの有名人と縁を結んだ。北京大の学長だった蔡元培《さいげんばい》がソ連の代表団を接待したのもここなら、文人魯迅が学生運動で命を落とした女学生を悼んだ「劉和珍君を記念する」などの文章を記したのもここだ。ちなみに東方飯店は、中国で初

◉香廠路にある仁和医院跡とされる建物

めて、各部屋に電話を設置したホテルでもあった。その他の設備も充実していたようで、今でもホテルの一階の展示棚で、初期のホテルで用いられたアンティークな電話や扇風機やラジオなどを眺めることができる。大規模な増改築を経て、四つ星ホテルとして活躍中の今も、構造やベランダの手すり、階段などは、当時のままだ。

すぐ近くの「泰安里」と命名された住宅区に一歩入ると、道の両側に西洋風のマンションが聳え、上海の旧日本人租界の集合住宅に似た空間が広がっていた。現在こそ古びてぼろぼろだが、ここも含め、民国期の香廠は、電気と水道といった近代的なインフラが整備された、高級住宅地でもあった。上海などと比べると、北京で西洋風のクラシカルな高級感が味わえる場所は少ないが、ここでは少なくともその余韻を感じることができる。

中国人自身による西洋化

実は、これまで述べたような香廠の歴史を知った時、私は、深い感慨を覚えた。あまり知られていないが、北京には民国期以前に建てられた西洋建築がいくつもある。例えば、一七世紀初頭以来、イタリア人マテオ・リッチを筆頭とする宣教師らによって次々と建てられた教会、清末より東交民巷の一帯に集中した大使館や銀行や教会、そしてさまざまな系統の欧米系の学校や病院などだ。だが私はそれまで、政府の建物や大学の校舎などのいくつかの例外を除けば、その多くは海外から来た人々の意向で建てられたものだと思っていた。もちろん、それらには医療や教育を施すための公益的な施設も少なくない。だが動機こそ公益のためではあれ、それらは北京の一般の人々とは縁が薄く、当時の庶民にとっての建物の西洋化とは、せいぜい個人の住居や商店のファサードを欧風にする程度だったのではないか、と思っていたのだ。

だが実際には、中国にも中国人自身が計画と開発を手掛けた、近代的な商業、居住エリアが存在した。陳独秀がここでビラをまいた理由は、けっしてここが人の集まる繁華な地区だったからだけではないだろう。陳独秀は満州族の建てた清王朝の文化に反感を覚えていたといわれる。旧社会の香りが薄かった当時の香廠は、自力で近代化の道を歩もうとしていた当時の中国にとっては、シンボル的な場所だったに違いない。

近年、中国はちょっとした民国期ブームだ。かつての教科書の質の高さを驚きとともに認める「民国期教科書ブーム」が起こり、それまで注目度が低かった民国期の文学作品もいくつか出版された。また民国期の美術や知識人などをめぐる展覧会が人気を博し、民国期のグラフィックイメージが次々と絵葉書や小物のデザインに応用されている。一部の進歩的な知識人の間では、それまで中国共産党が宣伝

◉東方飯店の内部

◉北京では珍しい上海里弄式建築、泰安里

してきたほどには、民国期は暗黒の時代ではなかったことが、認められ、主張され始めている。

　歴史に「もしも」は許されない。だが香廠の繁栄に思いを馳せる時、つい「もし当時の中国が、外国の侵略を免れ、そのまま順調に近代化、民主化の道を歩んでいたらどうなっていたか」と思わずにはいられない。そしてそれは昨今、中国の多くの知識人が口にする問いでもある。

3 波乱万丈の百年、国子監街

居眠りの国子監、学割の孔子廟

旧北京城の東北角に、国子監街（地図B）と呼ばれる通りがある。私にとって、胡同歩きの原点となった場所だ。一九九四年に初めて北京を訪れた時、国子監街のもつ空気に強く魅せられた。観光スポットとして有名なのは孔子を祀った孔子廟や昔の最高学府である国子監だが、実は両者に負けぬほど、当時の国子監街は街並みそのものに見応えがあった。

正直なところ、私はこの街が受け継いでいる孔子や儒教や科挙の伝統にそう興味があったわけではない。儒教に対しては社会の秩序を維持するための思想、というイメージが抜けず、読み物としてはやはり『論語』より空想がどんどんと広がる『荘子』の方がよっぽど面白いと感じていた。だから、いったい国子監街の醸し出す何に自分が惹かれたのかは、今もってうまく言い表せない。ただはっきりと覚えているのは、その意外なゆるさ、大らかさだ。

国子監街を初めて東から西へと歩いた時、清代の「下馬碑」と出会った。碑の表と裏にいろんな種類の文字が刻まれているのに気づき、私は、ついまじまじと碑を眺めた。その時はただ感心していただけだが、後で調べると、満州族、漢族、モンゴル族、回族などのイスラム教徒、チ

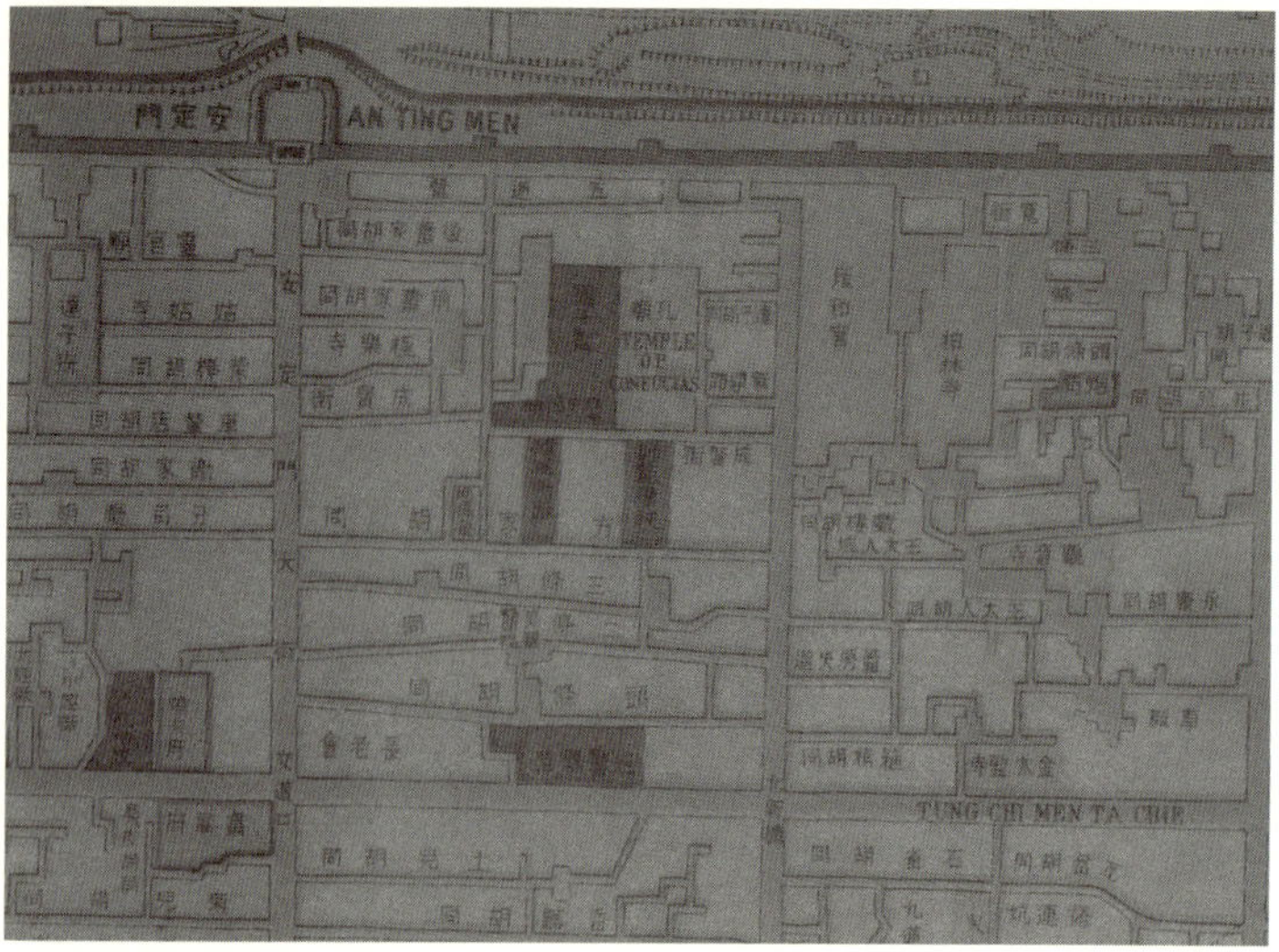

◉国子監街とその周辺

ベット族、そしてモンゴル西部のオイラート族に向けて六種類の文字で「ここで馬を下りるように」と刻まれていたことが分かった。

かつては国子監を訪れる場合、皇帝を含む誰もがここで馬や車から下りねばならなかったという。そんなにさまざまな民族がほんとうに自ら望んでここに来たのかは謎だし、この碑文がある意味、さまざまな民族を征服した清王朝の大きさ自慢の種となっているのも確かだ。でも、ちゃんとそれぞれの民族に彼らの言葉で伝えよう、という発想はやはり面白い。清の支配民族だった満州族自体が少数民族で、後から儒教思想を受け入れたこととも関係するのだろうが、ともかくその時の私はただ視覚的かつシンプルに、なんだかいろんな民族が入り混じってきた街なんだな、と感心した。

また当時、私は貧乏学生だったので、北京の名所を訪れるたび、学生割引を適用してもらえないかと涙ぐましい交渉を重ねていた。だが、そもそもが無理な要求だったらしい。チケット売り場で日本の学生証を見せていくら懇願しても、連戦連敗だった。そんな中、唯一、成功したのが、国子監街の孔子廟だった。さすが孔子様、だてに長年、中国の学問体系を牛耳ってきたのではない、と感心するも、実際のところは三元（四五円）のチケットが二元（三〇円）になった程度に過ぎない。

その頃、国子監の中にはまだ首都図書館が、孔子廟の中には首都博物館があった。中でも、水筒を持った中高生などが立派な古めかしい殿堂の中で自由に本を閲覧しているのはちょっとした衝撃だった。国子監は歴史的にもずっと、学問の場だったのだから別におかしくはないのだが、かつては皇帝さえ徒歩で訪れた、いわば国宝クラスの国子監の建物が、普段着姿の中高生で占められているのを見ると、「ほんとうにいいのか?」と頭が混乱する。その後しばらくして、北京では昔から文化財建築の使われ方がとても柔軟だったことを知った。そもそも、現在の国家図書館の前身が最初に置かれたのも、後海の近くの仏教寺院である広化寺だった。

何はともあれ、孔子廟や国子監の庭は、まだ留学生だった私にとって、絶好の癒しの場だった。実際には孔子廟の門以外に元代の建物の面影はほとんど残っていないとされているが、建物の間にはまだ、数百年前の空気がそのまま流れていた。当時はまだ改修前だったので、そこかしこに自然に風化した感じがあり、粛然とした中にも、古代の遺跡に身を沈めているようなカオス的趣きがあった。

私は回廊に沿ったベンチに座り込んでは、その静けさに五官を傾けた。各省ごとに行われた郷試から、第二段階の会試、そして直接皇帝の下で行われた最終試験、殿試まで……かつてどれだけの才子が命を削るように勉強し、時には人生を棒に振ってまで、科挙合格者の碑に名を刻まれる日を夢見たのだろう。科挙を受ける者が学ばねばならなかったとされる九種類の古典、四書五経の分厚さを思い出しているうちに、暗記が嫌いな私は気が遠くなり、しまいには意識までが遠ざかり、いつの間にか居眠りをしていた。当時の国子監街では、時間がまだ緩やかに流れていて、孔子廟のベンチでも、ごろんと寝転がって悠々と昼寝をしている人がいた。孔子廟と国子監は、ベンチが広くて、静かながらも適度に人が通り、しかも陽の当たり方もちょうど良かったことから、私にとって「三大居眠りスポット」の一つだった。ちなみに、残りの二つは前海沿いのベンチと郭沫若故居の中庭だ。ただ、今はいずれも観光客だらけなので、世を超越する覚悟でもしない限り、安眠を貪るのは難しい。

孔子廟の番を二〇〇年

何はともあれ、もし胡同に神様というものがいるとすれば、私にとっては、その神様と最初に出会ったのが国子監街だった。後で思うに、それはこの通りが蓄積した時間の重みや、その重みによって生まれた磁場をふと感じとったからかもしれない。

現在の北京の基礎が築かれたのは明の永楽帝の時代だとされている。だが、古い地図でかつてあった城壁の位置を比較すると、実はその大部分が元の時代の大都と重なる。その重なる部分にあたる、明清時代の北京の内城部分、つまり現在の二環路内には、七〇〇年以上前の元の時代に形成された胡同がいくつも残っている。中でも、その主な機能がずっと変わらなかった珍しい胡同の一つが、国子監街だ。この胡同の目玉である国子監と孔子廟は、それぞれ国の最高学府、および儒教の聖地として元明清の三代にわたり国に重視された。

とりわけ皇帝も講義をするために訪れたとされる国子監は影響力が大きかったらしく、この付近の地名にも国子監にまつわるものが多い。その一つが、皇帝ゆかりの建物「御書楼」があったことに由来する「官書院胡同」だ。

ある日、まるで建物の輪郭をなぞるように曲がりくねっているこの胡同の奥に進むと、黄と名乗るおじさんに出会った。黄さんの家族は、八代前の先祖が山東から上京した二〇〇年前よりこの官書院胡同に住み、祖父の代まで代々孔子廟の番人をしていたという。

だが廟守の仕事が忙しかったのは清末までのことだ。黄さんの祖父の代には、孔子廟は閉鎖され、番人の仕事も、日中、見回りと掃除をするだけになった。北京でも指折りの観光地となっている今は想像もできないが、当時の国子監通りは人影がまばらだった。孔子廟の六つの大きな黒い門には、立派でいかめしい銅製の虎の頭や門環（取っ手の輪）があったが、一歩中に入れば、一面に雑草が茂る中をキツネやイタチが跋扈しており、狐が人を化かしたという話も、数多く伝わっていたらしい。

駐車場から図書館まで

その後の孔子廟に押し寄せた時代の流れは非情だった。国民党時代は軍のトラック隊の駐車場として利用され、日中戦争中は戦火を逃れた難民の避難場所になった。日中戦争が終わると、廟守が大幅に減っていたせいで、黄さんの祖父は毎日廟に詰めることになった。北京に駐留していたアメリカ軍の関係者がしばしば参観に訪れたからだ。

一九六六年に文化大革命が始まると、孔子廟や国子監では、紅衛兵がひどく暴れ回った。そもそも、当時、打破すべきとされていた儒教思想を、他のどこよりもよく象徴していた場所でもあり、ここでは古典劇の衣装が大量に焼き払われ、著名な作家老舎を含む多くの文化人がつるし上げにされたといわれている。

◉国子監街の牌楼

もっとも、当時子供だった黄さんにとってみれば、ひとたび政治闘争の嵐さえ過ぎれば、外界から隔てられた孔子廟は格好の遊び場だったらしい。「建物を破壊しないならいいよ」という大人たちのお墨付きを得て中に入り、碑によじ登って拓本をとるなどして遊んだ。大きな殿の中は

◉国子監街と国子監

夏も涼しく、格好の避暑地になった。

　中国語や中国文化を海外へと広めるための公的機関、孔子学院の勢力拡大のためか、はたまた社会の秩序を保つなら儒教が一番、という中国で千古不易のノウハウが復活したためか、孔子様の地位は近年、見違えるように高くなった。北京オリンピック前の大改修を経て、孔子廟では従来の黒い門が復元された。入場料も国子監とセットとなり、大幅に値上がった。観光用に「リニューアル」され、旅行者で賑わう孔子廟に、二度とキツネは出そうになかったが、そのあまりの変身ぶりに、私は「キツネにつままれた」ような気分だった。

　さらに目を疑ったのは、二〇〇九年に「成人の礼（成人式）」と称する伝統儀式が国子監で復活したという記事を新聞で読んだ時だ。

儒教の再評価の流れを受けたもので、儀式に呼ばれたのは、その年高校を卒業したばかりの学生一六〇人。代表は北京市の理系と文系の「状元（首席合格者）」だ。学生たちは、孔子の像に向かって「三拝の礼」、つまり祖先、文化、国家に対する拝礼を行ったという。

文革を知らぬ私の目からみても、現代の状元たちが孔子の像に拝礼するとは、まるで冗談のような話だ。まさか、ほんの四〇年前にここで起きた惨事のことを、誰もが忘れてしまったのだろうか。

実際にはいろんな人がいろんな価値観を持って暮らしている北京だが、ことパブリックな事柄になると、まだまだ同じ価値観がみんなに押しつけられる傾向は強い。私はふと、孔子廟を子供の頃から自分の家の庭のように思ってきた黄さんが、ある不満を語っていたのを思い出した。それは「今の孔子廟にはアリがいない」ということだった。

「害虫駆除ということで、敷地全体に薬が撒かれた。だから今はどこを探してもアリが見つからない。でも、アリさえ住めない場所が、人間に向いているわけがないじゃないか」

そういえば、あれほど木が茂っている胡同でも、虫に刺されることはあまりない。北京っ子が昔語りをする時、刺されると強い痛みが一週間は続いたという虫、イラガがよく出てくるが、最近は徹底的に駆除されたらしく、私は一度も出会ったことがない。

虫の心配をせず、胡同を気持ちよく散歩できるのは、やはりありがたい。だがもし胡同が、人間に都合のよい動植物だけの世界になっているのだとすると、寂しさも覚える。

4 氷と明かりの巨大な蔵

宮廷専用のクーラー

ある日、例によって地図を眺めていると、故宮の周辺、かつての皇城内の胡同の名前に一つの特徴があることに気づいた。「庫」や「局」などが名前についている胡同が目立つのだ。調べてみると、これは明の時代、この一帯に宮廷専用の蔵やそれを掌《つかさど》る役所が集められていたためだと分かった。例えば、故宮の東華門の東にある磁器庫胡同では磁器が、地安門内近くにある簾子庫胡同ではカーテン、緞帳《どんちょう》、玉簾《たますだれ》などが、故宮の東側にある緞庫胡同では絹織物や綿織物、綿花などが、西安門大街の南側にある惜薪（新）胡同では薪や炭などが扱われていたという。

さすが皇帝がいた都だけあって、「宮廷御用達」系胡同というものがあるのだ。では、皇室が擁していた倉庫のうち、もっとも贅沢なものは何だろう、と考えてみた。自分が暑がりのせいかもしれないが、私の答えは酷暑の夏も冬の冷たさを大量に保存した、氷の倉庫、つまり「氷室」だった。

北のみやこという名前をもちながら、けっこう北京の夏は暑い。先祖が北方出身の満州族にとってはなおさらだったろう。それだけに、清王朝はしっかりと氷室を管理、活用していたようだ。当時、北京には巨大な氷室、「氷窖《ビンジアオ》」が合計一八カ所もあり、すべて官営だったという。

そのうち、現在もちゃんと形を残しているものの一つが、北海公園の東門近くに南北に延びる雪池胡同の氷室だ。冬に北海から切り出した氷を保存していた場所で、「雪池」は氷室の雅称。氷室は合計六つあったが、そのうちの二つが現在も原形を留めている。

一般公開はされていないが、門番の人に頼んで、深い方の氷室に入らせてもらった。高さ八メートル、幅一〇メートル、奥行き三〇メートルほどのがらんとした空間が広がっていた。かなり暑い日だったが、中は氷もないのに実にひんやりしている。まさしく巨大なクーラー・ボックスだ。何と、冷蔵庫が普及する一九七九年頃まで、電動化された氷の運搬装置とともに実際に使われていたらしい。床に巨大な石が使われた堅固な建物は、修復を経たばかりとあって、今でも十分使えそうな様子だった。実際、同じ年代に同じ規格で作られた恭倹胡同の氷室跡は、現在レストランとして活躍している。

明の万暦年間に作られたこの氷室は、民国初期までの三五〇年もの間、宮廷専用の氷室だった。辛亥革命で清朝が終わりを告げた後も、一九一七年までは、紫禁城に住み続けたラストエンペラー溥儀のために氷を供給し続けたという。

この他、紫禁城内にも宮廷専用の氷室が五つあった。美食家として知られる西太后は、夏になると氷で冷やされたメロンに蓮根をあしらった爽やかなデザートを楽しみ、北海公園を遊覧の際は、氷室のそばで涼をとったといわれる。そんな時、氷室はいわばエアコンのような作用も果たしたのだろう。

ちなみに、氷は宮廷の独占物だったわけではなく、民間用の氷室もあった。その一つが、前門大街近くの氷窖廠胡同（地図C）にあった氷室だ。一九五〇年代に小学校に建て直されてしまったということで、自分の目で見ることはできなかったが、幸い近くで出会った地元の老人が現役時代の氷室のことを覚えていた。

「ここに蓄えられた氷は永定門外のお堀から切り出されたもので、一つ一つが長さ八〇センチほどの直方体だったね。夏になると、早朝の五、六時頃には氷をひくための馬車やロバ車や手押し車が列をなしていたよ」

運び出された氷は果子巷の果物屋や、鮮魚口の魚屋、肉屋などに運ばれていったという。また甘酸っぱい夏の清涼飲料で、北京名物でもある「酸梅湯《スアンメイタン》」を冷やすのにも重宝したようだ。

冬の寒さを賢く利用し、電気も使わない氷室はずいぶんエコロジーに見える。もっとも、最近の北京の冬は総じて暖かめだ。堀や川や湖に張る氷もどんどん薄くなっている。その意味でも、氷室は過去の

◉雪池胡同の氷室跡

◉氷窖廠胡同

遺物になってしまったのかもしれない。

紫禁城を照らしたともしび

胡同の街灯はあまり明るくないことが多い。女性が独り歩きをするとなるとちょっと不安だが、実は私はこの暗さが嫌いではない。夜の胡同には独特の魅力があるからだ。

闇は門の前の家庭ゴミを隠し、化粧直しのためのペンキやタイルのもつ白々しさを弱める。沈んだ面持ちの胡同は遥か昔の記憶を反芻しているようにも見える。とりわけ適度に曲がり角のある胡同は幽邃《ゆうすい》という言葉がぴったりだ。夫と出会ったばかりの時は、そんな夜の胡同をよく一緒に自転車で走った。

真っ暗だった昔の北京を体験できたらきっと面白いだろうと思う。灯火管制などといった状況下では嫌だが、手にもつ明かりと月明かりだけが照らす胡同はどんな風に映るのか、一度体験してみたい。今の胡同でも時おり停電にはなるが、たいてい局地的なので空は明るい。

だがそんな夢は酔狂なもので、電気が普及する前の北京では、夜明るいことこそが贅沢だったはずだ。燦然と輝くともしびを表す「華燭」という言葉は、いかにも豪華なイメージを伴っている。となると、明かりの十分な利用は涼しさの享受と同じで宮廷の特権だったに違いない。もちろん、防犯上も必要だっただろう。

明かりを得る手段は長らく灯油だったが、清の後半になると蠟燭が普及した。景山公園の北東にある臘庫胡同（地図B）は、かつて宮廷専用の蠟燭、「宮蠟」や沈香などのお香を専門に扱っていたところだ。当時は胡同の南半分で四川や広東から運ばれた原材料の蠟の塊を加工し、完成した蠟燭は「宮蠟」として、胡同の北半分にあった倉庫で保管した。「宮蠟」は、毎日定時に宮中に届けられたという。西側の旧鉄匠営胡同、つまり日本風に言えば「鍛冶屋町」では、蠟燭用の型が専門的に作られた。

現地の住民の話を聞くと、往時の痕跡は後々ま

◉臘庫胡同のジグザグに走る道

◉昔、染物屋が布の加工に使っていた楔型の大きな石。「元宝石」と呼ばれた。氷窖廠胡同にて

で形を留めていたようだ。ある家では文革前、改築工事中に甕で何十個分もの蠟が掘り出されたという。しかも、甕はまだまだ埋まっている可能性が高いのだとか。一方、胡同の北半分には倉庫守の住んでいた家があり、その付近にはその一族の祖廟が解放後まで残されていた。ここで文革中に対ソ連用の防空壕を掘った際も、昔の蠟燭が何本も掘り出されたという。

宮廷をめぐる物語というと、どうしても皇帝や王妃や大臣や将軍が中心で、その他はせいぜい宦官や女官が出てくる程度だが、これらの胡同を歩いていると、彼らの華やかな生活は、底辺で働く大量の民間人たちに支えられていたという当然の事実に気付く。年がら年中、毎日定時に宮中に蠟燭を届けるというのはけっこう大変だっただろう。もっとも、ノルマさえこなせば生活は保障され、皇室御用達というプライドも保てたのだろうから、北京の一九八〇年代くらいまでの国営企業の従業員なんかと、けっこう境遇や心境は近かったのではないか、と思ったりもする。

住民一人一人の胡同

宮廷の裏方をめぐるあれこれを探るのも楽しいが、そもそも胡同を歩く醍醐味の一つは、一見どうでもいいような小さな物語も拾い集められることだ。断片的だけどよくよく吟味するとけっこう味わい深いような、そんなエピソードを語り聞かせてくれる住民と出会えた時、胡同は俄然、生き生きとした空間に変わる。

　蠟庫胡同で耳にした昔の住民に関する逸話も、じつに印象的だった。ここにはかつて宦官だった人物が住んでいたが、ある住民の話では、文革中に家財が没収された際、「堅木の立派な肘掛椅子が打ち砕かれた」という。また、蔣介石の曾孫で、蔣介石が死んだ際には、台湾で葬式に参列までした人物も住んでいた。彼は外国の大使をしていたが、ある外国人が彼の家を訪ねたがると、居民委員会の人々が北京のイメージを傷つけぬよう、院を徹底的に掃除し、表面上綺麗にみえるよう必死で繕ったという。さらには、かつてソ連で舞台パフォーマンスをしたほどの踢毽子《ティージェンズ》（重しのついた羽を足で蹴り続けるスポーツ）の名手も住んでいたが、その人はプライドが高く、いくら雑技団から「来てくれ」と誘われても、ぜったいに首を縦に振らなかったらしい。

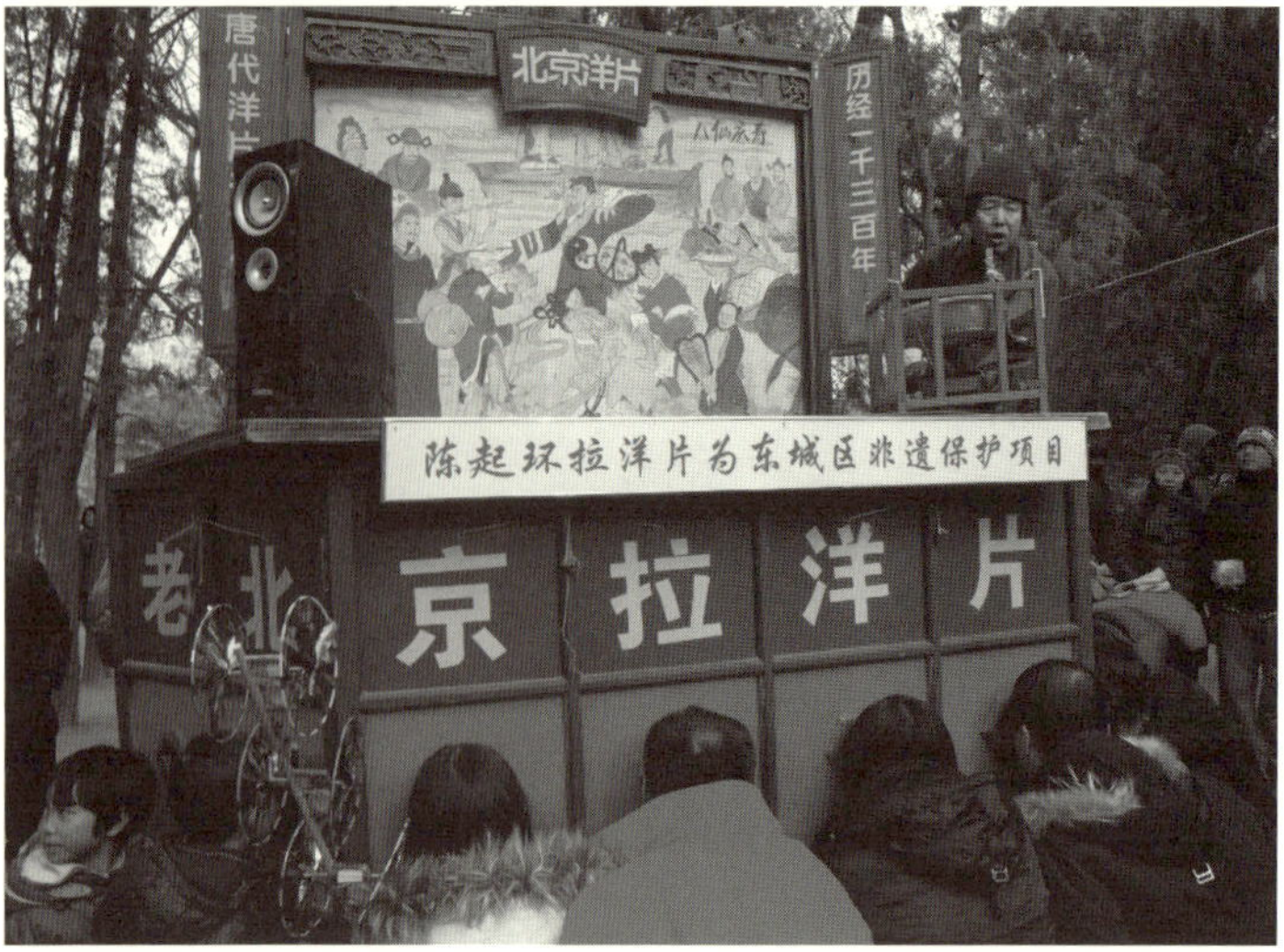

◉廟会の覗きからくり。ガラス窓の向こうに紙芝居がある

いずれも正直なところ、地元では有名という程度の人物のささいな事件ばかりだ。でも新旧の文化が激しく衝突した北京の現代史、ひいては外交史とさえちょっぴりリンクしていて、生々しい。

ある日、やはり古い歴史をもつ胡同を歩いていると、一人の品のよいおばあさんに出会った。若い頃はさぞかし美人としてもてはやされたであろう。ひとしきり、かつての胡同の住民について語ってもらった後、話はやがてそのおばあさんの伴侶のことになった。「夫はね、ある日自転車で走っていたら、後ろから市バスがぶつかって来てね。あっという間に死んでしまったのよ」。そう言いながら、おばあさんは目の端に涙を浮かべている。きっと、昔の住民たちについて語るうちに、ついあれこれと思い出してしまったのだろう。

こんなに素敵なおばあさんなのだから、夫にもとても大事にされていたのかもしれない。初対面、しかも道端でこんな話を打ち明けられるとは、と戸惑いつつ、私もつい目が潤んでしまった。胡同でいかに輝かしい伝説が語り継がれていようと、やはり住む人にとって一番大事なのは、親しい家族だ。胡同の歴史は、そんな住民たちの、ささやかでありふれていながら、不思議と心動かされる無数のドラマにも支えられている。

有名人の故居や歴史的建築物だけを残し、残りの古い建物をすべて壊してしまう、という開発が北京のあちこちで行われているが、街並み保存、という観点から以外にも、私がこのやり方に強い違和感を覚える理由はここにあるのだろう。

だが、住民、建物、そして胡同そのものさえ次々と消えつつある今は、こんなささやかな「物語拾い」も年々難しくなっている。

終章 消えゆくものを引き留められるか？

1 北京のNGO、文化財保護をめぐる攻防

SARSの年に設立

北京の胡同をとりまいて輝いてきた、有形、無形の文化には、語り尽くせない魅力がある。だが、住民たちを襲う破壊と忘却の波は、実に貪欲だ。資金力や、有力者の強いバックアップがある開発プロジェクトを前に、市民の抵抗は、時に牛に立ち向かう虻ほどの力も持たないかのように見える。だがその一方で、価値ある文化財を北京の街に留めるべく、必死で働き掛けている人たちがいる。その手法はつねに正攻法とは限らないが、時にはゲリラ戦、時には情報戦という様相を呈しつつ、静かに、粘り強く、着実に、北京の文化財たちを守っている。

全国でも数少ない、文化財の保護を目的としたNGO組織、「北京文化遺産保護センター（略称CHP）」は、政府にも認可された正式なNGO組織として、一〇年にわたり、鐘鼓楼周辺を含む、

さまざまな旧市街地の文化財保護の問題に取り組んできた。

設立者である何戎中《ホーシュージョン》さんがNGO組織として文化財の保護活動をするためのライセンスを手にしたのは二〇〇三年で、六、七年間ほど、私的なグループとして活動した後のことだった。中国ではさまざまな活動に政府の許可が欠かせない。また、公的な組織でないと合作プロジェクトが展開しづらく、銀行口座さえ作れない。つまり、円滑な活動のために、NGO組織としての登録は不可欠だった。

何さんによれば、「中国でNGO組織としての認可を得るのは、至難の業」だ。何さんたちのCHPも申請だけで四、五年を費やした。「政府側から提示された条件のいくつかは、実際には達成が不可能に近いものだったからです」と何さんは語る。

チャンスが訪れたのは、SARSの時だった。当時の特殊な情況の中でも、何さんたちは申請のために毎日足繁く担当部門である民政局に通った。すると、民政局の担当者も心動かされたのか、許可してくれたのだった。当時は、役所の人間も他人との接触による感染を恐れていたため、許可証の渡し方が

◉北京文化遺産保護センターの発起人、何戎中さん

独特だった。「ビニール袋にレンガと許可証を入れて、投げてくれたんです。その時の言葉が忘れられません。『申請を許可しよう。でも面倒な事は起こすなよ』って言ったんです」。

価値に目覚めさせる

中国の大陸部ではこの六〇年にわたり、文化に対する理解を深めるための基礎や専門家に欠けていた、と何さんは考えている。専門家は技術畑ばかりで、経済建設のみを優先し、文化の尊重は後回しだ。「文化大革命は一九七六年に終わったと思っている人が多いですが、実際のところは、文化財に対する態度という意味で、その影響はその後も長く続いたのです」。

今年で五〇歳になる何さんは、上海の近郊で生まれ、上海の大学を卒業した。両親は小学校の教師だった。文革中は、古い民家が残る環境で、本を読みながら過ごした。外では毎日のように人が死に、パレードが行われていた。大学では法律を学ぶが、一九八〇年代初頭の中国では法律学など確立されておらず、教師はみな国民党時代に法律を学んでいた。ドイツやフランスでの留学経験者もいた。彼らを通じて民国期の中国に触れた何さんは、同時に、通っていた華東政法大学のキャンパスの圧倒的な美しさにも魅了された。それは、清の末期にアメリカ人が上海に開いたセント・ジョンズ大学の跡地を利用したものだった。

当時はまだ、人々の古い建物に対する態度は、文革後期のままだった。そういった時代の風潮と、建物の美しさとのギャップは、何さんにさまざまなことを考えさせた。

最終的に、何さんは次のような結論に至った。実際に中国の伝統建築を保護したり、修復したり、博物館を建てたりするのも大切だが、それらはすでに行われている。しかも、「そういった活動は直接かつ効果的に人を変えることはできない」。それ以上に大切なのは、現地の多くの人々の文化財に対する「無関心」や「価値の認識不足」の改善だ。さもなければ、どんなに素晴らしい建物でも作用を発揮できず、結果的に、建物自体の価値までが低くなってしまう。

中国では、古い建物＝ボロボロで価値のない物という意識を根強く持っている人が多い。何さんは、文化財の保護の問題とは、実際は現地の人々の文化的教養の問題だ、と考えた。伝統建築に関心を持たないことによって、人々は粗暴で荒々しくなり、素養に乏しくなってしまっているのだ、と。そこで、「NGOの設立を通じ、文化財をめぐる人々の意識を変える」という、政府も企業もそれまでやっていなかったことを志そうと決意する。人々に「文化や伝統とは何で、それをどう保護すべきか」を理解してもらうことで、現地の人たちに、「保護活動に積極的に参加したい」という願いや、それを実現するチャンスをもたらしたいと願ったからだった。

ゆえにCHPの主な理念とは、「地域社会が文化遺産を保護するのをサポートする」というものだ。その際、重きを置く原則は二つある。一つは、文化や伝統建築は、現地の庶民に属するということ。第二に、保護の権利と義務も彼らにある、ということだ。

非政府＝反政府という誤解

だがいくら高い理想があっても、実際に中国国内でＮＧＯ組織を維持していくのは大変だ。最大の問題はやはりお金だった。独立した地位と活動の安定性を保つためにも、資金の安定的な確保はとても大切だが、かなり逼迫する時もあり、安定からはほど遠かった。政府はＮＧＯの資金に関してとても厳しい制限を課しており、毎年末の審査の際、その残金が、登録時の資金より上でも下でも許されない。

その一方で、資金を集めたくても、中国でＮＧＯについて正確に理解してもらうのは大変だ。ＮＧＯは「非政府組織」と訳されるが、その響きから反政府的組織だと誤解する人さえいる。しかもＣＨＰの活動は、「すでにあるもの」を保護するよう、人々の意識を変えることだ。建物を新しく復元したり、きれいに補修したりするのとは異なり、その成果を誰が見てもよく分かるようにまとめるのは至難の業だ。

そこに、北京の物価の高騰が追い打ちをかけた。三年間で家賃が二倍に跳ね上がるという状況では、さすがに十分な活動スペースを得るのは難しかった。また、政府がＮＧＯに求める条件の一つは、フルタイムのスタッフを雇っていることで、その給料も大きな負担となった。「つまり、合法的なＮＧＯであるにも関わらず、存在はきわめて不安定。半年後にまだあるかどうかも保証はできません」と何さんは苦笑いする。

ＣＨＰの活動がカバーする範囲は広く、少数民族の文化から、北京以外の歴史都市の保護にまで及ぶ。全国の都市の古い市街区が遭遇している問題は大同小異だからだ。だが問題は同じでも、これに対処できる能力は都市ごとに異なる。何さんによれば、「幸い、北京や上海などの大都市のホワイトカラーには、情報を扱う高い技術力や資金を調達する力などの『保護をする能力』のある人がいる」という。

相手の弱点をつかむ

だがそもそも中国では、開発にあたって公正な公聴会などはほとんど開かれず、有識者や保護活動家らが開発側と直接話し合う機会も皆無に等しい。そんな情況で、彼らはどのように保護活動を展開しているのか。これについて何さんは参加者に、「自分で考えながら保護に携わってもらい」、「そのプロセスで、やるべきことに気づかせている」という。その結果が有効であれば、参加者も「だいじょうぶだ」と自信を強める。「これを見て、デヴェロッパー側も怖くなります。歴史を知る人や保護に参与する人が増えれば、メディアの報道も増えるからです」。

例えば、前門の某巨大デヴェロッパーのプロジェクトについて、もともとの開発計画の杜撰《ずさん》さを批判した時のことだ。CNNなどもそれを報じたため、二週間にわたり、その会社の株価は下がり続けた。結局、頭を痛めたトップは、開発計画を白紙に戻した。何さんは言う。「それまで、政府の役人は前門について関心をもたず、理解もしていませんでした。でもこのプロセスで彼らも、前門とはどのような場所で、どう開発すればよいかを、理解し始めたのです」。私も含め、改修後の前門を見て、眉をしかめる人は多い。だが、「もともとのプランはもっとひどかったんですよ」と何さんは主張する。

ひとたび無理な再開発計画があると、CHPがまっさきに行うのは、さまざまな手立てによって計画の欠点を探し、デヴェロッパーの「目論見書《もくろみしょ》」を手に入れることだ。この「目論見書」とは、有価証券を売りだす時に企業が作成する事業説明書を指す。そして法律的な観点から違法な点を見つけてプロジェクトを叩き、討論会を開いたり、プレス向けの原稿を書いたりする。ここで、弁護士の資格をもつ何さんの強みが生きる。「現在、多くのデヴェロッパーは国際企業になっていますから、これをとても恐れます。さらには、多くの他のデヴェロッパーが、背後でその様子を見て学ぶんです」。その結果、自然と乱開発が縮小する傾向が生まれる。

もっとも、政府のやり方を変えるのはなかなか難しい。前述の通り、結局、鐘鼓楼周辺でも「取り壊してから詳細な計画を建てる」という、前門のケースと同じことが繰り返された。そこでCHPは「討論会などをどんどん拡大して開き、訴える」ことで、民衆の反対の声を高めた。そんなCHPの努力と海外メディアの協力によって、政府が四〇億元の予算捻出を約束した再開発計画が、一度は中止に追い込まれた。残念ながら開発は再開したが、その規模が小さくなる可能性はまだ残っている。

「北京の旧城地区で行われてきた再開発計画に関しては、私たちはその半分ほどに、何らかの声を上げている」と何さんは胸を張る。

ボーダーを越えて協力

現在のCHPは、専任の職員こそ二人だが、全国に散らばるボランティアの数は、五〇〇〇人に上っている。ボランティアの内訳は、デザイン関係者、建築家、役人、エンジニア、大学生、高校生などさまざまで、年齢層も、一〇代から八〇歳以上の高齢者までと、幅広い。この他、随時助けてくれるメディア関係者や外国人の友人も少なくない。

これまで、CHPはユネスコ、各国の大使館、ヨーロッパなどの海外の基金と、資金の融通や人的交流、共同プロジェクトなどを展開してきた。海外の機関との間で具体的に行われているのは、フォーラムの開催、資料や出版物の編纂、重要な人物によるレクチャーや報告会の実施などだ。とくに、ドイツやアメリカなどから大学の研究者を呼び、海外での保護の実態などをレクチャーしてもらう試みは、北京の関係者だけでなく、地方の官僚などにも喜ばれる。彼らにとっても、「国際化」は魅力的で、観光客を引き付けるきっかけとなり得るからだ。

実は私自身も、CHPの活動には、しばしば関わってきた。正直、立ち上げられたばかりの頃のCHPは、勢いこそあれ、組織力にはやや未熟さがあった。だが、一〇年の試みの中で、経験はどんどんと蓄積されていった。保護活動の成果も顕著で、現在成功しつつある多くのことは、「ほんの五年前は実現不可能だったこと」だと何さんは語る。

CHP以外にも、文化財の保護に取り組んでいる組織はいろいろとある。だがNGOの形で活動しているケースは、中国ではたいへん珍しい。NGOに見えて、実は政府の息がかかっているものが、中国にはたいへん多いからだ。また、かりに独立したNGOであっても、法的に認可されているとは限らない。しかも、それらは互いにバラバラで、連携しようにも、その土台となるものはとても少ない。

地方のボランティアや活動家と連携するにあたっても、困難は少なくない。とくに少数民族の自治区など、もともと民族問題がらみの火種などを抱えている場所での活動は大変だ。タイミングによっては反政府運動を組織しているのだと誤解され、公安に身柄を拘束されてしまう。だが拘留されている間でも、何さんは機会を見つけては、周囲の公安関係者らに、文化財とは何であって、その保護がどれだけ大切かを説き続けているという。

現在、CHPは広州、上海、南京、蘇州、ラサ、カシュガル、フフホト、ハルビンなどでプロジェクトを行っている。将来の何さんの目標は、CHPのような試みをする人が増え、北京に一〇の組織、全国では一〇〇の組織というように、全国的な規模で活動が広がっていくことだ。その結果「中国が本当の意味で高い文化を持つ国になればすばらしいです」と、何さんは期待に満ちた声で語った。

2 記憶の集積「老北京ネット」の奮闘

突然のサイト閉鎖

北京の文化財や歴史に関心のある人たちに人気のウェブサイト「老北京ネット」(http://obj.cc/)は、二〇〇〇年の立ち上げ以来、北京の歴史、地理、文化財、民俗、風土、画像資料などの分野を網羅したその豊富な情報量によって、私自身を含む多くのファンを獲得してきた。ところが二〇一二年夏、ウェブサイトは突然見られなくなった。サイトの掲示板では、再開発問題など、北京の社会の現状をめぐる比較的自由な議論が繰り広げられていただけに、その閉鎖はファンたちのさまざまな憶測を呼んだ。

幸い曲折を経て、同年の一一月にウェブサイトは「火種灯」ネットとして復活し、二〇一三年に入ってからは、「老北京ネット海外版」の名で再スタートした。

だが、そもそもなぜ、北京の文化を主に扱うサイトが突如閉鎖されたのだろうか。そんな疑問から、私はある日「老北京ネット」の発起人であり、「気骨の人」として今もその管理を続けている張巍《ジャンウェイ》さんを訪ねた。

張巍さんは、生まれも育ちも北京という根っからの北京っ子だ。その強大な収集能力によってこれまでサイトにアップした情報量は、すべて合わせると三〇〇から四〇〇GBに上る。でもこれはあくまでサイト上にあるものに過ぎない。手元にはビデオ映像なども合わせると一〇TBの資料があり、記事の本数も二万から三万本に上るという。いずれもネット仲間が送ってくれたものだ。

もっともそれらの資料はすべて、文化や歴史関係の文章や写真ばかりで、偏った政治色があるものではない。ではなぜ、サイトは突然閉じられてしまったのか。その理由を張さんはこう語る。「掲示板を通じて政治的で有害な情報を流したとみなされたんです。政府は自分が批判されることを好みませんから」。だが、具体的にどの書き込みが槍玉に挙げられたのかは、分からないという。

閉鎖された経緯も、はっきりしない。インターネット宣伝管理事務局からプロバイダーのコンピュータルームに通知が行き、理由もはっきりと告げられないまま、急に閉鎖させられた。

◉老北京ネットの発起人兼管理人の張巍さん

「禍」を転じて「福」となす

当時は、中国共産党の重要な会議である「第一八回全国代表大会」を控えていた時期で、影響を受けたのは張さんだけではなかった。「あの時期、個人が運営するウェブサイトはすべていったん閉鎖されました。当時の私は、政府の改革に期待をしていたので、とても失望しました」。

張さんの気分は最悪だった。「これまで政府が文化財に対して作ってしまった大きな借りを、自分が代わりに返してあげている気持だったからです。なのに妨害するなんて、と思いました」。

でも、張さんは諦めず、サイト名を改めて再スタートした。「頑張りつづければ、いつか公正な評価を得て、名誉も回復されます。歴史はそういうことの繰り返しですから」。強制閉鎖を機に、張さんはウェブサイトの大幅なリニューアルとパワーアップを実現した。それまでは休まず更新していたのでその暇がなかったが、今回はあり余るほど十分な時間があった。

新しくスタートした「老北京ネット海外版」は、「海外版」と表記してあるが、中国国内からも閲覧可能だ。「現在は海外のプロバイダーを利用しているため、今後、ウェブサイト自体が突然閉鎖されるということはないでしょう。都合の悪いページだけを黒塗りにされたりはするかもしれませんが」と張さんは語る。ただ、海外のサイトであるため、原則としてイベントを企画して参加者を募ったりすることはできなくなった。

現在の海外版「老北京ネット」は、モバイル端末からでも閲覧できる。データベースへの保存の方法も密かにバージョンアップされている。さらに、サイトにとって不利なキーワードの書き込みを自動的に防げるようにしたことで、人が一つ一つチェックする手間も省けるようになった。

窓枠の埃がきっかけに

その昔、張さんの一家は南城の東半壁街という胡同に住んでいた。だが、二〇〇〇年の五月、長年住んでいた家が取り壊しの対象になった。立ち退かされた時、張さんが建物から持ち去ることのできたのは、古い窓枠のみだった。「その後、新しい家で窓枠を拭いていた時、ほこりを払いながら、このほこりだって一〇〇年の歴史を経たほこりだ、と気づいたんです」。そういった一切がむざむざと消えて行くことが無念でならなかった張さんは、ウェブサイトを立ち上げることを思いついた。

当時は中国でちょうど、インターネットの普及が爆発的に進んでいた時期だった。実は張さんには、かつて記者をしていた時期があった。新しいメディアにチャレンジしてみたい。そんな思いもあって、北京で最大級の北京文化発信サイト、「老北京ネット」が誕生した。

ファン層は年齢も、知識も、国籍も、実に豊かだ。年齢が一ケタの子供から、北京文化の専門家までが含まれ、台湾、香港、日本、ヨーロッパ諸国などにもファンがいる。

だが、いくら幅広い人気を得ていても、「老北京ネット」は営利的なサイトではない。張さん自身の生活はどのように支えているのだろうか。

「春節の廟会で、文化的なプログラムの企画を担当したり、時おり有志の方から寄付をいただいたりして、何とかやってきました」。最悪の時は、手持ちの金が二〇元（約三〇〇円）になったこともある。だが、行き詰まるといつも不思議と、どこかから援助の手が差し伸べられた。

北京における胡同の取り壊しの規模と速度は、北京オリンピックの記憶が薄れた今も、止まるところを知らない。そんな急速に変わりゆく北京を、さまざまな記事や写真を通じて記録してきた「老北京ネット」はたいへん貴重な存在だ。古い北京の風習の回想録、取り壊される前の北京の城門や胡同の写真などは、その存在自体が、現状との鮮烈なギャップによって特殊な輝きを帯び、強く何かを訴えかけてくる。

「壊してしまえば、二度と同じものは作れません。たとえ、今はどうしようもなくても、とりあえず残しておいて、十年後、二十年後にどうにかすればよいのです」

それに、張さんの印象では、小規模な改造は可能で、ある程度成功もしている。例えば、北京オリンピックの頃には、行政側の一声で、練炭ストーブが一斉に蓄熱型電気ストーブに替えられた。「そういった改善をやめて、一律に壊してしまっても、けっして解決にはなりません」。

ペンキからタイルへ

だが、張さんによれば、かりにある胡同が大規模な取り壊しを行わないことが前提の「保護地区」に指定されたとしても、油断はできない。その保護はけっして十分ではないからだ。その理由は、「保護の方法について、無知な役人が多いため」。例えば一時期、景観の統一のため、多くの胡同に一斉に灰色のペンキが塗られたことがあった。その無機質な画一性に批判が集中すると、やがて政府はレンガ風のタイルを貼らせるようになった。「でも実は、そういったタイルがもともとの壁にもたらす破壊は、ペンキ以上にひどいのです。ペンキは風雨とともに自然にはがれますが、タイルをはがそうとすれば、元の古い壁まで深く傷つけてしまいますから」。

胡同にある伝統建築を解体して復元する際も、そのいい加減さはひどいものだという。例えば一平方メートルあたり二万元必要なはずの修復費用を、二千元に抑えて仕上げてしまう。理由は監視し、批判する機関の不在だ。「中国は多党制ではありません。ですから、市民がしっかりと監督をする必要があります」。

民国期であれば、清朝以来の文化人が文物関係の官吏に採用されていたので、文化財もしっかりと守られていた、と張さんは考えている。「でも、現在の官僚には、北京の歴史に対する尊重が乏しいのです」。

文化財を守ろうという意識は子供の頃から教育しないと育たない。そこで張さんは、伝統文化にまつわるカリキュラムを九年の義務教育の中に組み込むよう、教育界に働きかけるようになった。郷土の文化についての教材を作るべきだという要請も行っている。

もう一つの目標は、五年くらいの間に国際的な基金を立ち上げ、サイトそのものを寄付し、しかもその配当をいくつかの国の人が分かち合えるようにすることだ。そうすれば、一つの国の情況に支配されるより、安全だと考えるからだ。

中国では、一定の影響力をもつようになったメディアが、政府の干渉と無縁でいることは難しい。それは公的な援助にしても同じだ。だが、「老北京ネット」は政府からの資金援助は一切受けておらず、その方針は今後、名誉が回復された後も変わらないという。「民間の自発的活動」という位置づけを保つためだ。

「老北京ネット」では、「北京精神」というものを掲げている。それは、「良知、道義、責任、担当（ちゃんと引き受けること）」だ。

3 小さな流れが生む力

海外メディアの健闘

中国で根を張り、文化財の保護に奔走する人々の努力は、わずかずつではあれ、実を結ぶようになっている。だが、こと大衆メディアに関しては、海外メディアの報道が、しばしば鍵となる。

保護地区の再開発をめぐって、しばしば政府側は国内メディアの報道を制限する。以前なら、北京の取り壊し問題なら、「新京報」が限界に挑みつつ、果敢に報道していた。北京のメディアが報道できなくても、広州の週刊紙、「南方週末」などが報道することも可能だった。だが、こういったメディアの力も、あまりに大きくなると、人事異動などの手段で、骨抜きにされてしまう。「新京報」に至っては、二〇一一年九月一日より北京市党委員会の宣伝部の管轄下に組み入れられ、市民が必要とするニュースを重視する従来の報道姿勢を変更せざるを得なくなった。

だがさすがの当局も、海外のメディアの口をふさぐのは難しい。厳しい規制の下、国内のメディアがほとんど沈黙状態となった鐘鼓楼のケースでも、BBCやアルジャジーラなどは果敢に取材を行った。政府も、自国のイメージには気を使っているため、海外メディアからの批判には、ある程度耳を傾けざるを得ない。文化財関係者や立ち退きに反対する住民たちもそれはよく知っていて、海外メディアの取材にはわりと協力的だ。私自身も、いろいろと親切に話をしてくれる住民に出会い、感激していたら、最後に相手に「あなたの所属は？ えー、何だ、NHKの人じゃないんだ」とあからさまにがっかりされて、苦笑したことがある。

またかりに国内で発行されていても、欧米系のメディアであれば、比較的独立した視点から新しい風を吹き込むことが可能だ。例えば私の知る限り、居住空間としての胡同をめぐってもっとも批判精神に富む充実した特集記事を組んでいた雑誌は、イタリアの著名な建築雑誌の中国版「住 ABITARE」の二〇一三年夏号だった。

市民の力には確かに限りがある。だが、情報の国際化が進む今、彼らのか細い声を拾い得るメディアは、国内では無理でも、世界のどこかには必ず存在している。

◉「呼び売り大王」と呼ばれた故・臧鴻（ザン・ホン）さん。170種類以上の呼び売りの声を出すことができた

声を上げる勇気

とはいえ、報道も保護活動も、まずは声を上げる市民がいなければ始まらない。だが、実際のところは、胡同文化の保護活動に関しては、まだまだ「我関せず」型や「傍観」型の住民が大半だというのが現実だ。もっとも希望も感じなくはない。なぜなら、野心的だったゼロ年代におけるメディア報道、そしてインターネット上の言論空間の活発化などを通じ、少なくとも、「誤った開発計画は批判したって大丈夫なんだ」という意識が多くの人々の間で芽生え始めているからだ。「私たちは批判の声を上げ続けなければなりません。そうすれば、たとえ中止は不可能な開発プロジェクトでも、せめてその規模を縮小することはできます」とＣＨＰの何戍中さんも主張している。

いくら当局に都合の悪いメディアを潰し、言論統制をしようと、今はインターネットの時代だ。現実に起こっている乱開発を前に、市民の声を完全に封じこめることはもはや不可能になっている。その声はやがて当局をも動かし得る力をもつ。北京オリンピック前に始まった前門地区の開発では、自らの指定した保護文化財の大半が取り壊されるという情況を前にしても、文物局は目立った抗議を一切行わなかった。だが二〇〇九年に中国建築史の礎を築いた梁思成と林徽因の故居の保存運動が起きると、文物局は少なくとも声は上げた。そう考えれば、保護活動家たちの影響力は、雪解けの水が集まるように、少しずつではあれ、目立った流れをなしつつあるといえる。

幸い、最近は文革の後遺症である、「昔の文化を懐かしむことは罪深い」といった意識も薄れつつあり、老北京の文化を記録し、紹介する書籍も次々と出版されている。守り、記録する流れがこのまま大きな川を形成し、北京の文化財の豊かさを本当の意味で継承できるようになる日を、心から待ち望まずにはいられない。

おわりに——老北京はどこへ行く

胡同の美しさと温もり

胡同の奥から、ジャラン、ジャランという音が響いてきた。包丁研ぎの呼び売りのおじさんが、ひもで連ねた鉄片を鳴らす音だ。自分が胡同で生活していることを実感する一瞬だが、あと何年聴けるだろう、といつも心配になる。かつてよく聞こえた羊のモツ煮売りの声や新聞売りの声が、最近は聞こえてこなくなったからだ。

現在、私は北京に住み始めて一五年になる。その間、旧崇文区、西城区、東城区の、合わせて四本の胡同で暮らしてきた。三回の引っ越しのうち、二回は突然追い出されたも同然だった。にも関わらず、まだ懲りない。なぜか。私の心の中では、北京において、胡同や四合院の暮らしほど、美しく刺激的なものはないからだ。

胡同はある意味で、人にとても優しい。四合院の中庭はしばしば、木々がゆったりと枝を伸ばし、さまざまな小鳥たちの憩う場となる。夏は枝の葉が家屋に注ぐ日差しを遮り、冬は葉が落ちて陽射しを迎え入れる。実のなる樹なら、隣人同士で収穫を分け合い、「今年の実はいまいちだね」なんて言い合えたりする。

閑な時は道端やトイレ端（?）で隣人とのおしゃべりを楽しめばいい。近所の子供が遊びに来れば、お絵描きや粘土遊びが始まる。困った時はお互い様で、留守中なら、郵便物や新聞を保管してもらったり、植木の世話をしてもらったりすることもざらだ。熱を出した隣人に体温計を貸す、なんてこともある。口コミの情報がまだまだ役に立つ北京では、近所同士でのまめな情報交換も欠かせない。これらは誇張でも何でもなく、私自身が実際に胡同で暮らす中で身をもって体験したことだ。

中国の人たちは親しくなった人を家族のように呼ぶのが好きだ。胡同を歩き始めた頃の私は、胡同を歩くにつれ、あちこちに血縁のない家族がどんどん生まれていた。お父さん、お母さん、お兄さん、弟、妹。いずれも気ままな街歩きや記事のための取材といった偶然のきっかけで出会った人たちだ。もちろん、普通の友人として親しくしてくれた人もたくさんいる。北京の言葉や風習や歴史から、人としての生き方まで、私は彼らからほんとうにいろんなことを学んだ。異世界からいきなり飛び込んできた私を受け入れ、育み、支えてくれた彼らには感謝の気持ちでいっぱいだ。

命脈をつなぐ盆栽

まだ肌寒い春の午後、北京の景山公園近くで、盆栽職人の趙福文《ジャオフーウェン》さんを訪ねた。趙さんは敷地の一角を占めるいくつもの盆栽をさし、中には樹齢数百年のものもある、と説明してくれた。文革中、北京では、盆栽はブルジョワ趣味として排斥され、そのほとんどがとり壊されてしまった。その結果古い時代の盆栽はほとんど残っておらず、樹齢五〇年のものでさえ貴重とされる中、なぜ樹齢数百年のものがあるのか。

話を聞いて納得した。それらの木々は、再開発によって北京の伝統的な民家、四合院が取り壊された際、その中庭に植えられていたものだという。「捨ててしまうのは惜しいから」と根の一部を残しておき、盆栽として新たに蘇らせたのだ。

でも、蘇生に失敗し、枯れてしまった株もある、と趙さんは悔しそうにつぶやく。

天災や戦争、イデオロギーの対立といったさまざまな荒波をくぐり抜け、何百年に渡って生き残ってきた古樹たちが、一見、平和で繁栄を謳歌しているかのように見える時代に抹殺されていくのは、何とも不条理だ。命を挽回できず、消えていった古樹たちのイメージは、北京の民間にかつて根づいていたさまざまな伝統や風習と、鮮やかに重なる。

胡同存続の脅威となっている効率重視の価値観がグローバリズムの巨流と連動していることを思うと、写真やペンの力など何の足しにもならないのでは、と落ち込むこともある。せめて本書が、四合院の古樹を救った趙さんの両手のように、胡同の記憶を少しでも忘却から救う助けになれば、と願ってやまない。

黄昏の中の胡同

かつて胡同の数は「大きなものだけでも三六〇〇、小さなものは牛の毛の数ほど」といわれた。これは概数とはいえ、実際の統計を見ると、けっして誇張ではないようだ。北京の胡同の数は一九八〇年代までは減少が比較的ゆるやかだったが、ある統計によれば、二〇〇〇年には一二〇〇本、二〇〇五年には七五八本に減っている。つまり新中国成立後の半世紀余の間に、胡同の数は五分の一にまで減ったことになる。

その後も再開発による大規模な取り壊しは跡を絶たないため、現在の数はさらにぐっと減っているはずだ。二〇一四年現在、実質上はすでに五〇〇ちょっとだ、と主張する人もいる。つまりこのまま続けば胡同の数は戦前の七分の一ほどになってしまう可能性が高い。

北京オリンピック後、中国では時代と逆行するかのように、国内メディアへの統制が強まっている。そのため今、いったいどの胡同が消えつつあるのかが、一般の市民にはほとんど分からない。久々に訪れてみたら、見慣れた建物どころか胡同自体がなくなっていた、なんてことは日常茶飯事だ。

激しい環境の変化についていけない北京っ子の悲哀を描いた短編映画に、陳凱歌監督の『夢幻百花』（二〇〇二年、『10ミニッツ・オールダー　人生のメビウス』の中の一編）がある。そこで引っ越し屋が仲間に言うセリフが心に残る。

「今は北京っ子ほど道に迷うのさ」

これは現在、ますます切実な話になっている。昔の様子をよく知っているからこそ、戸惑い、途方に暮れる。

四月のある夕暮れ時、宣武門の南にある達智橋胡同を通った。従来の計画では昨年の秋までに取り壊される予定だった胡同だ。すぐ近くの胡同はすでに瓦礫の山と化していたが、達智橋胡同は住民の反対のおかげでまだ残っていた。家路を急ぐ人々や市場で買い物をする人たちがせわしなく行き交う中、黄昏の光の中の胡同は、不安と哀愁、そしてわずかに芽生えた希望を胸に、立ちすくんでいた。

二〇一四年一一月　北京の胡同にて

多田麻美

著者について

多田麻美
ただ・あさみ

1973年に大分県で生まれ、静岡県で育つ。京都大学卒業。京都大学大学院中国語学中国文学科博士前期課程を修了。2000年より北京在住。北京外国語大学ロシア語学院にて2年間留学後、コミュニティ誌の編集者を経て、フリーランスのライター兼翻訳者に。おもなテーマは北京の文化と現代アート。訳著に『北京再造――古都の命運と建築家梁思成』(王軍著、集広舎、2008年)、『乾隆帝の幻玉』(劉一達著、中央公論新社、2010年)、共著に『北京探訪』(東洋文化研究会、愛育社、2009年)、共訳に『毛沢東　大躍進秘録』(楊継縄著、文藝春秋、2012年)、『9人の隣人たちの声』(勉誠出版、2012年)など。

撮影者について

張全
ジャンチュアン

1965年、北京生まれ。幼少期から現在に至るまで、北京の横丁、胡同で過ごす。北京図書館勤務を経て、フリーカメラマンに。中国の文化や社会に関する写真を日本や中国のさまざまな新聞、雑誌、書籍に提供。おもなテーマは北京の胡同と現代アート。これまで開いた個展は『胡同の季節』(2009年)、『胡同の匂い』(2014年)。

老《ろう》北京《ぺきん》の胡同《ふーとん》――開発と喪失、ささやかな抵抗の記録

2015年1月30日　初版
2015年5月20日　2刷

著者　多田麻美

発行者　株式会社晶文社

東京都千代田区神田神保町1-11
電話　03-3518-4940(代表)・4942(編集)
URL http://www.shobunsha.co.jp

印刷・製本　ベクトル印刷株式会社

ISBN978-4-7949-6867-8 Printed in Japan